HISTOIRE
DE
SAINT-JEAN-DE-COLE
(En Périgord)

DEPUIS LA FONDATION DE L'ÉGLISE (1080) JUSQU'A NOS JOURS

COMPRENANT

L'historique du Prieuré, du Château
et des Congrégations qui ont successivement habité le pays

SUIVI DE

L'APPLICATION DES DÉCRETS DU 29 MARS

AUX CHANOINES PRÉMONTRÉS

Par le R. P. **PAULIN**

Supérieur des Prémontrés de St-Jean-de-Côle (Dordogne)

> Interroga generationem pristinam
> et diligenter investiga patrum memo-
> riam, et ipsi docebunt te.
> (JOB, VIII, 8-10).

AVIGNON
SEGUIN FRÈRES, IMPRIMEURS-ÉDITEURS
13, rue Bouquerie, 13

1881

HISTOIRE

DE

SAINT-JEAN-DE-COLE

HISTOIRE
DE
SAINT-JEAN-DE-COLE
(En Périgord)

DEPUIS LA FONDATION DE L'ÉGLISE (1080) JUSQU'A NOS JOURS

COMPRENANT

L'historique du Prieuré, du Château
et des Congrégations qui ont successivement habité le pays

SUIVI DE

L'APPLICATION DES DÉCRETS DU 29 MARS
AUX CHANOINES PRÉMONTRÉS

Par le R. P. **PAULIN**

Supérieur des Prémontrés de St-Jean-de-Côle (Dordogne)

> Interroga generationem pristinam
> et diligenter investiga patrum memo-
> riam, et ipsi docebunt te.
> (JOB, VIII, 8-10).

AVIGNON
SEGUIN FRÈRES, IMPRIMEURS-ÉDITEURS
13, rue Bouquerie, 13

1881

PRÉFACE

Le 4 mai 1877, l'abbaye des Prémontrés de Saint-Michel-de-Frigolet en Provence voyait se détacher de son sein quelques-uns de ses membres. Quatre fils de saint Norbert venaient de recevoir la glorieuse mission d'aller planter le drapeau de leur père dans une des plus belles contrées de la France.

Le Périgord devait accueillir cet essaim d'hommes apostoliques, choisis par la Providence pour faire revivre les nobles traditions de l'ordre canonial, dans une de ces gracieuses vallées qui font l'ornement et la richesse de cette province.

Le dimanche, 27 mai suivant, une foule compacte se trouvait réunie dans le bourg de Saint-Jean-de-Côle, non loin de Thiviers. Quel motif amenait donc ce flot de peuple dans ces parages et lui communiquait cette fiévreuse activité ? Un évêque revêtu des majestueux insignes de sa dignité, entouré d'un nombreux clergé, présidait une de ces imposantes cérémonies que l'histoire d'un pays doit soigneusement consigner dans ses fastes ; quatre religieux, dont le blanc costume resplendissait aux feux ardents d'un soleil d'été, se tenaient auprès de l'auguste pontife. Que se passait-il ?

Le digne successeur de saint Front procédait à l'installation d'un nouvel ordre religieux dans son vaste diocèse. Il était heureux d'appeler la rosée des bénédictions divines sur ce grain de sénevé que la Providence destinait peut-être à devenir un jour un arbre magnifique, sur les branches duquel viendraient se reposer les oiseaux du ciel.

Le pays que les Prémontrés venaient habiter était riche en souvenirs historiques. Les abbayes de Boschaud, de Peyrouse, de Brantôme, de Chancelade, les châteaux de Bruzac, de Chabans, de Puyguilhem, de Vaugoubert formeraient chacun le sujet d'un volume. On conçoit aisément qu'ils ne se présentent qu'accidentellement sous notre plume. Nous nous contenterons d'écrire quelques lignes sur le passé de Saint-Jean-de-Côle et de raconter les évènements dont il a été le théâtre depuis quelques années.

Deux congrégations de chanoines réguliers avaient successivement habité le modeste prieuré. Pouvait-on trouver une congrégation plus apte à relier les traditions canoniales du présent à celles du passé que l'ordre des Prémontrés, formé comme les deux précédentes de chanoines réguliers ?

A Saint-Jean-de-Côle, nous trouvons une église des plus antiques du Périgord, à qui son style byzantin a mérité d'être rangée au nombre des monuments que l'art ne doit pas dédaigner ; un prieuré, dont les bâtiments, presque entièrement détruits, ne manquent pas d'intérêt ; un château possédé par les nobles familles de Lamarthonie, de Bonneval, de Beaumont, toutes trois justement fières des personnages distingués qu'elles ont donnés à l'Église, à la magistrature, à l'armée.

Le prieuré de Saint-Jean-de-Côle conservait de précieuses archives ; les auteurs de la *Gallia Christiana* ne les ont pas négligées ; mais la passion révolutionnaire n'avait que faire de ces inestimables trésors. Détruire le passé dans tout ce qui pouvait en rappeler le souvenir, étayer l'avenir sur certains principes décorés du titre pompeux *d'immortels*, voilà son unique aspiration. La perte de ces archives nous a privés d'une foule de documents, et c'eût été pour nous une douce consolation de les produire au grand jour; mais, si quelques détails intéressants sont venus couronner nos recherches, nous nous sommes fait un devoir de les consigner avec le plus grand soin. C'étaient de précieuses miettes qu'il fallait minutieusement recueillir et ne point laisser perdre. *Colligite fragmenta ne pereant* (1).

(1) Joann. vi. 12.

Depuis la fin du siècle dernier jusqu'à l'arrivée des chanoines prémontrés, Saint-Jean-de-Côle est demeuré enseveli dans le plus profond silence ; nul événement important n'est venu révéler au monde son existence. Dieu s'est servi d'une de ces âmes d'élite qu'il lui plaît de faire paraître de temps à autre pour éblouir le monde de l'éclat de leurs vertus. On ne saurait donc s'étonner de nous voir consacrer quelques pages au souvenir de Mlle Augustine Faure, qu'une mort prématurée est venue sitôt ravir et dont Thiviers et tout le diocèse de Périgueux bénissent la pieuse mémoire, réalisant ainsi cette parole du Sage: On parlera du juste avec éloge tandis que le nom de l'impie se perdra dans la poussière (1).

La nouvelle fondation, comme tout ce qui porte le cachet des œuvres de Dieu, a dû se heurter à de nombreuses difficultés. Malgré les épreuves parfois douloureuses de la pauvreté, l'humble communauté commençait à prospérer et voyait parfois quelque membre nouveau venir augmenter son petit noyau. Trois ans ne s'étaient pas encore écoulés lorsque éclata, comme un coup de foudre, ce violent orage, qui, aux yeux d'un grand nombre devait être la condamnation à mort des congrégations religieuses. La modeste communauté pouvait-elle se soustraire à la fureur aveugle des persécuteurs ? Non. Elle devait

---

(1) Memoria justi cum laudibus et nomen impiorum putrescet. (*Prov.* x, 7.)

fournir aux tristes personnages qui tiennent en main les destinées de la France une occasion favorable de satisfaire leurs bas sentiments, tout en poussant l'ironie jusqu'à prétendre couvrir du manteau de la légalité leurs ignobles exécutions. Etre épargnés, c'eût été une honte pour les enfants de saint Norbert. Les Prémontrés de Saint-Jean-de-Côle devaient avoir leur place parmi ces milliers de victimes que déjà la haine stupide d'un gouvernement de crocheteurs avait ignoblement jetées hors de leur domicile, et cela contre les lois les plus sacrées de la justice et les principes les plus élémentaires de la liberté de conscience.

Il ne faut laisser ignorer à la postérité aucun détail de ces scènes odieuses, dont le spectacle navrant a si vivement attristé le cœur des honnêtes gens. Il faut impitoyablement clouer au pilori de l'histoire le nom de ces hommes qui, pour ne pas s'exposer à la perte d'une position plus ou moins lucrative, ont préféré fouler indignement aux pieds les sentiments les plus intimes de l'honneur et de la justice. Il faut flétrir la mémoire de ces juges assez peu respectueux de leur toge pour condamner l'innocence venant implorer leur secours contre un insolent violateur de ses droits. Il faut glorifier le courage de ces magistrats qui, pour ne pas souiller leur robe, ont accueilli la plainte des persécutés, méprisant les menaces et ne craignant pas de donner raison à l'opprimé contre l'oppresseur, ne voulant pas infliger à leur mémoire la flétrissure d'une lâche bassesse.

Jouissez de votre triomphe, hommes vils qui, sentant toute l'impuissance de vos attaques directes contre Dieu, vous ruez contre ses œuvres. L'innocence vous donne rendez-vous auprès de Celui qui jugera la justice elle-même, lorsque le temps sera venu (1).

L'histoire est un de ces grands livres qu'un peuple ne doit jamais oublier de consulter. Chaque province, chaque ville, et jusqu'au moindre hameau, ont été le théâtre d'événements plus ou moins importants. Un pays renferme souvent de vénérables traditions. Ne craignons pas de soulever le voile qui recouvre son passé. « Parcourez les siècles anciens, dit l'Écriture, considérez les actions des générations qui vous ont précédés, interrogez vos ancêtres, ils vous donneront d'utiles enseignements » (1). A cette école, vous apprendrez à fuir leurs vices et à imiter leurs vertus.

---

(1) Cum accepero tempus, ego justitias judicabo. (Ps. 74 v. 2).

(2) Memento dierum antiquorum, cogita generationes singulas, interroga patrem tuum et annuntiabit tibi, majores tuos et dicent tibi. (*Deut.* xxxii, 7).

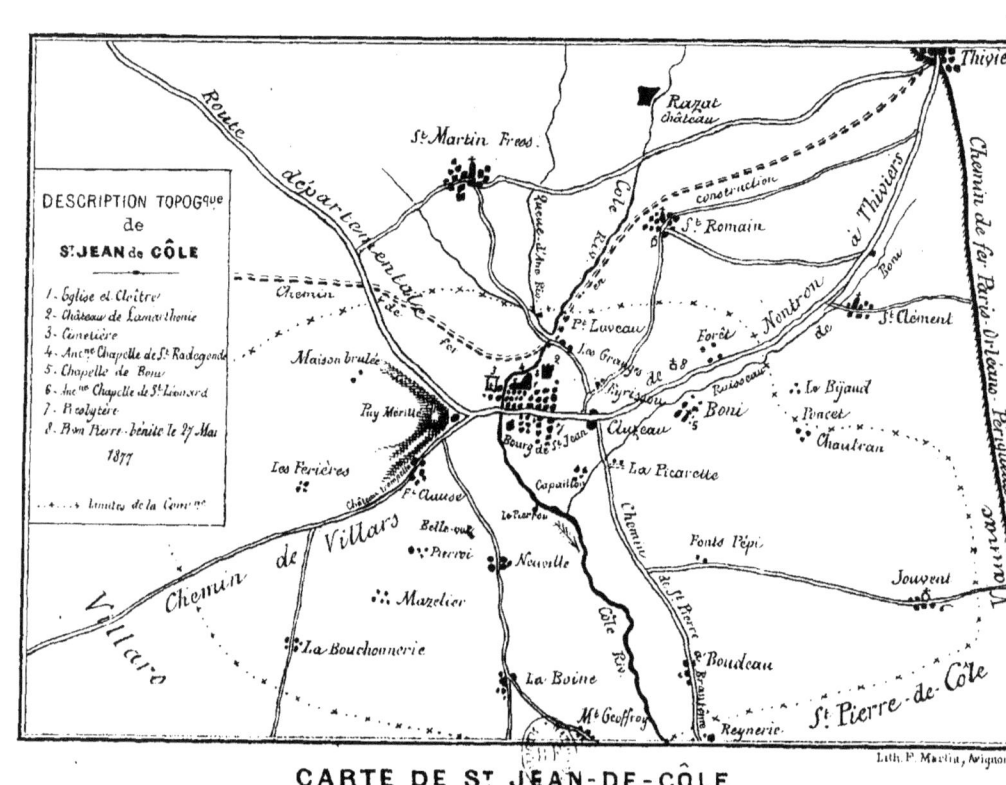

CARTE DE ST JEAN-DE-CÔLE

CHAPITRE Ier

DESCRIPTION DE SAINT-JEAN-DE-COLE

Situation topographique de Saint-Jean-de-Côle. — Curiosités naturelles et archéologiques. — Population. — Climat. — Caractère général des habitants.

Lorsque le voyageur, venant par la voie ferrée qui relie Périgueux à Limoges, met pied à terre à la gare de Thiviers et qu'il se dirige de ce gracieux chef-lieu de canton du Haut-Périgord vers la capitale du Nontronnais, il suit une route bordée de prairies, de vignes et de bosquets. A mesure qu'il plonge dans ce riche vallon, il côtoie un petit cours d'eau qu'alimentent plusieurs sources abondantes. Se jouant à travers les campagnes, les eaux limpides de ce ruisseau portent dans leur sein une heureuse fécondité, tout en entretenant dans la vallée une agréable fraîcheur.

A quatre kilomètres de Thiviers, sur la gauche de la route, on voit une petite église, entourée de quelques pauvres maisons ; c'est le bourg de Saint-Clément. Cette église érigée en chapelle vicariale est desservie par le curé de Saint-Romain.

En continuant à serpenter sur le flanc des collines, la route tourne brusquement à droite, et laisse tout à coup apercevoir un gros bourg, dont les maisons sont dominées par un vaste édifice de forme ronde surmonté d'un clocher et situé à quelques pas d'un château assez bien conservé. Ce bourg porte le nom de Saint-Jean-de-Côle. Bâti presque entièrement sur la rive gauche d'une petite rivière, il est traversé par la route de Thiviers à Nontron qui continue à faire un brusque détour à droite, après avoir franchi le cours d'eau, sur un pont construit, il y a une quarantaine d'années, lors de l'exécution de cette voie.

Que l'on vienne de Nontron ou de Thiviers, de Brantôme ou de Villars, de Saint-Martin ou de Saint-Romain, toutes les contrées voisines semblent se donner rendez-vous à Saint-Jean-de-Côle par des voies de communication, bordées de hauts et vigoureux peupliers dont le frais ombrage transforme les avenues en délicieuses promenades. Dans ces derniers temps, il a plu à quelques particuliers de faire circuler une pétition, à l'effet d'obtenir du Conseil Général de faire disparaître ces arbres, sous le prétexte singulier que leur ombre épaisse portait préjudice aux riverains. Heureusement que l'administration départementale, plus intelligente, a fait justice de pareilles prétentions qui dénotent dans leurs instigateurs un sentiment de profond égoïsme uni à un mauvais goût bien caractérisé. Bien loin de faire disparaître ces belles allées, un des charmes principaux du pays, qu'elle fasse également border l'avenue de Villars et celle de Saint-Romain. Ce sera le moyen d'embellir encore le paysage, tout en dérobant aux yeux du voyageur ce que ces chemins peuvent offrir de nu et d'agreste.

La commune de Saint-Jean-de-Côle est limitée au nord par les communes de Saint-Romain et de Saint-Martin-de-Fressengeas ; à l'est, par la commune de Vaunac ; au sud, par celle de Saint-Pierre-de-Côle, et à l'ouest, par celle de Villars.

Outre le bourg de Saint-Jean, elle renferme plusieurs villages et hameaux dont les principaux sont les suivants :

Au nord, *Forêt-Mêlée, Eyrisson, Les Granges, Pont-Lavaud*; à l'est : *Boni, la Picarette, Chautran, Jouvent* (1), *Fonts Pepi*; au sud : *Boudeau, Montgeoffroy, La Boine, Neuville, Le Moulin du Pirou* sur la Côle, *Capailloux*, autrement nommé *Capalhou, Chaix-Capaïou*, ou le lieu du ruisseau de Pôle, comme on le voit dans d'anciens actes de la fin du siècle dernier ; à l'ouest, *La Bouchonnerie, Mazelier, Le Pierroi*, à 240 mètres d'altitude, *Belle-Vue, Fontelause, Les Fourrières, Puy-Merillé, La Maison Brûlée*, qui porte aussi le nom de *Peymet*.

Le chef-lieu de la commune est à 7 kilomètres de Thiviers, à 25 de Nontron et à 39 de Périgueux. Un notaire y réside et il s'y tient plusieurs foires par an, dont la plus fréquentée est celle du 25 juin. Les autres sont celles de jeudi qui précède les mardi gras, le mardi de la Pentecôte, le 6 mai, le 29 août, le troisième jeudi d'octobre et le 21 décembre. A part celle de la Saint-Jean, le 25 juin, ces foires sont à peu près insignifiantes, depuis que l'exploitation de la voie ferrée à Agen a fait de Thiviers le centre le plus commerçant de tout le Nontronnais.

Un chemin de fer, reliant Angoulême à Nontron et à Thiviers, passera bientôt sur le territoire de Saint-Jean entre le château de Lamarthonie et le bourg de Saint-Martin-de-Fressengeas. Une petite station, située près de Pont-Lavaud, ne fera qu'accroître la prospérité matérielle du pays dont nous faisons l'histoire, tout en embellissant davantage ses alentours.

---

(1) C'est-à-dire des jeunes gens (*Antiq. de Vesone*, t. 1, p. 253). Cela semble avoir des rapports avec la fontaine de Jouvence. *Note de M. Taillefer*, l. c.).

« Dans la commune de Saint-Jean-de-Côle, dit M. de Laugardière, on trouve en abondance du calcaire jurassique propre à la chaux hydraulique, fabriquée dans des fours construits, il y a une vingtaine d'années, sur la route de Thiviers à Saint-Jean, près de Saint-Clément, et de la terre à gazette ou terre réfractaire servant à fabriquer des récipients pour la cuisson de la porcelaine, dont une usine avait été établie dans une partie du château de Saint-Jean-de-Côle. Cette usine, mal administrée dès le principe, n'existe plus aujourd'hui » (1).

Parmi les curiosités naturelles du sol que l'on pourrait trouver, on peut signaler une caverne longue et profonde qui traverse la montagne de Puy-Mérillé, située en face du bourg, au pied de laquelle se bifurquent les routes de Nontron et de Villars. Cette grotte singulière paraît avoir plusieurs ouvertures. La première qui fait face à la rivière et dont l'orifice sert de cave à une maison adossée au rocher. Cette maison, bâtie en 1824, porte le nom bizarre de *Château-Trompette*, sans doute en souvenir du long séjour que fit son propriétaire dans la ville de Bordeaux. La seconde donne sur le chemin de Villars, s'ouvrant sur le flanc opposé de la montagne. On peut y pénétrer aisément ; on y voit encore la base de stalactites et de stalagmites qui ont dû être d'une beauté remarquable, mais il ne reste plus aujourd'hui que les traces de la main d'un vandale.

« Cette caverne naturelle, dit l'éminent auteur que nous venons de citer, se trouve sur le flanc de la montagne crétacée qui s'élève en face du bourg de Saint-Jean-de-Côle ; elle ne paraît pas avoir été fouillée et pourrait bien avoir servi d'habitation aux temps préhistoriques. La montagne est d'ailleurs parsemée

---

(1) *Bulletin archéologique du Périgord*, t. V, 6ᵉ livr. année 1878.

d'autres cavités ainsi que de blocs et de rochers calcaires, isolés ou réunis, et entre lesquels s'élèvent pittoresquement des bouquets de chênes, d'arbustes variés et de plantes grimpantes. En coupant la base de cette montagne pour le passage de la route de Nontron, on y découvrit, il y a une vingtaine d'années, des pépites de cuivre, qui peuvent être l'indice d'un gisement considérable (1). »

Le territoire de la commune de Saint-Jean-de-Côle est arrosé par trois cours d'eau, dont le principal est la Côle. M. Taillefer dit que ce mot paraît venir du celtique (2). Mais on peut aussi, ce nous semble, le faire également dériver du mot latin *Collis*, colline, parce que le lit de cette rivière depuis sa source jusqu'à son embouchure dans la Dronne est encaissé entre de petites collines ; aussi ce mot s'écrit-il le plus souvent *Colle*, dans les anciens documents, en latin *Colla*, d'après la *Gallia Christiana*. Ce qui semblerait confirmer notre opinion, c'est qu'un des affluents de la Côle porte le nom de Colis. Ce petit cours d'eau se jette dans la Côle, près de Mialet. On voit dès lors l'analogie qui existe entre les mots de *Collis*, en latin, puis en français le *Colis*, *Colle*, *Côle*, qui n'est que la transformation du mot *Collis*, *Colis*, *Cosle*.

La Côle prend sa source au sud de Firbeix, commune située à l'extrémité du département de la Dordogne, dans le canton de St-Pardoux-la-Rivière. Elle passe à St-Jory-de-Chalais, baigne le pied de la colline sur laquelle s'élève majestueusement le château de Razac, traverse St-Jean-de-Côle, St-Pierre-de-Côle après avoir salué le vieux manoir féodal de Bruzat, ancien château fort qui défendait la contrée et dont aujour-

---

(1) *Bulletin arch. loc. cit.*
(2) *Antiquités de Vésone*, t. II, p. 263.

d'hui on ne voit que le reste d'une vieille tour en ruines, vient briser ses ondes au pied du château de Chabons, à la chapelle Faucher, et après avoir reçu le *Colis*, la *Queue d'Ane* et le *Trincou*, elle se jette dans la *Dronne*, à quatre kilomètres en amont de Brantôme, après un parcours d'une cinquantaine de kilomètres.

Cette rivière est remarquable par la limpidité de ses eaux et par la placidité de son cours. Son lit est creusé dans le sable et encaissé presque toujours au milieu de vertes prairies qui en rendent les bords aussi agréables que variés. Elle ne sort de son calme ordinaire que lorsque l'abondance de pluies la fait grossir tout à coup et sortir de ses limites naturelles pour inonder la vallée ; ses débordements sont assez fréquents et assez forts pour obstruer les routes, submerger les prairies et inonder les maisons qui avoisinent son cours. Plusieurs fois l'abondance des eaux a dû couper le chemin du cimetière, et empêcher de faire les sépultures au lieu accoutumé; divers actes de décès puisés dans les anciens registres de la fabrique paroissiale constatent que des inhumations ont eu lieu dans l'Église. C'est ainsi que nous lisons dans une note marginale écrite de la main de Lavenaud, chanoine régulier du prieuré, remplissant les fonctions de vicaire : « Le six mars 1783, un débordement général jetta la consternation dans le païs. » Dans le registre de 1787, de Grateyrolle, autre chanoine régulier, à cette époque vicaire de la paroisse, écrit l'acte suivant: « Le dix-neuf décembre, mil sept cent quatre-vingt sept, a été inhumé dans l'église des chanoines réguliers, le passage du cimetière étant empêché par le débordement de la rivière, Marguerite Fargeau, veuve de Pierre Fonfroide, chirurgien, décédée au présent bourg, âgée d'environ soixante-deux ans. » Ces sortes de débordements se sont produits fréquemment depuis le commencement de ce siècle ; c'est ainsi que nous avons vu nous-même, à la fin de novembre 1878, toute la vallée en aval de St-Jean convertie en une mare de près d'un kilomètre de largeur.

La *Queue d'Ane* prend sa source près de Mialet, passe près du bourg de St-Martin-de-Fressengeas, sort du territoire de cette commune, pour se jeter à 200 mètres de là, dans la Côle, au village de Pont-Lavaud, après un cours d'une quinzaine de kilomètres environ.

Le *Ruisseau de Boni*, qu'on nomme aussi *Ruisseau de Pôle*, prend sa source près de Thiviers, baigne le bourg de St-Clément, passe devant le village de Boni, traverse la route de St-Jean à Brantôme, et vient se jeter dans la Côle, au village de Capailloux, après un parcours de quatre kilomètres.

Pourquoi le nom de Saint-Jean-de-Côle fût-il donné à ce pays. Il est probable que cette dénomination est due au souvenir d'une insigne relique de saint Jean-Baptiste, que possède l'église paroissiale de temps immémorial et à laquelle les habitants du pays et des environs ont une grande dévotion. Ce ne serait pas du reste un fait sans précédents. C'est ainsi que la ville de Maurienne-en-Savoie a pris le nom de Saint-Jean en mémoire d'une relique du saint Précurseur qu'apporta d'Orient une vierge du pays, sainte Thècle. Pour honorer ce trésor, saint Gontran, roi de Bourgogne fit construire la cathédrale et l'y déposa. Cette ville s'appela dès lors la ville de Saint-Jean ou Saint-Jean-de-Maurienne (1).

On peut bien attribuer une origine semblable au nom donné à l'Église et au bourg situés sur les bords de la Côle. Quoi qu'il en soit, les plus anciens documents lui donnent à cet endroit le nom de Saint-Jean-

---

(1) Longueval. — (*Hist. de l'Eglise Gallicane*), t. VIII, p. 124.

de-Côle ou sur Côle. *Ecclesia sancti Johannis de Cola*, lisons-nous dans une bulle du pape, Célestin III, rendue en 1192.

Selon M. de Laugardière, la population du territoire de Saint-Jean, était de 64 feux, en 1365 ou de 384 habitants, qui s'élevèrent successivement à 692 au XVII° siècle, à 902 en 1842, à 970 en 1852, à 932 en 1856, à 939 en 1861, à 950 en 1866, pour descendre à 879 en 1872, et remonter à 894 en 1876 (1) ; nous la voyons portée en 1877 à 879.

« Saint-Jean-de-Côle, dit M. le baron de Verneih, est plein d'intérêt archéologique. Le bourg, assis dans la vallée à quelque distance des coteaux qui forment sur la rive droite de la Côle une sorte de barrière non interrompue depuis Bruzac, s'il n'a pas l'avantage de se hisser sur la falaise et de donner à ses édifices une silhouette grandiose, a du moins celui d'être facilement abordable et d'offrir des sujets d'étude plus variés (2).

Trois monuments attirent toute l'attention de l'archéologue : 1° l'église byzantine à coupole magistrale, datant du XI° siècle ; 2° un couvent du XVIII° siècle, renfermant un cloître de la Renaissance ; 3° un château datant de diverses époques, mais dont la partie principale provient du XV° siècle. A côté de ces monuments, l'on voit deux ponts, n'offrant rien de curieux dans leur construction ; l'un tout récent, bâti en 1849, lors de l'exécution de la route de Nontron, et l'autre à trois arches irrégulières dont nous ne pouvons préciser la date, mais qui doit bien remonter au XVIII° siècle.

---

(1) *Bulletin Arch.*
(2) *Excursion archéologique en Nontronnais*, art. Saint-Jean-de-Côle, p. 9.

« Dans cet ensemble de monuments, dit encore M. de Verneilh, il y a matière à une dissertation sur l'architecture monastique et militaire, à laquelle on pourrait joindre des considérations sur l'art majestueux du grand Roi, fort bien représenté par les boiseries sculptées et les peintures qui décorent le sanctuaire bysantin (1).

Plusieurs chapelles existaient encore dans les environs du bourg de Saint-Jean. C'est ainsi que le village de Jouvent en possédait une sous le vocable de saint Léonard ; elle remontait à une haute antiquité, puisque nous la voyons mentionnée dans la bulle de Célestin III, en 1192, *Capellani sancti Leonardi de Jovenc*. Les paroisses environnantes s'y rendaient autrefois en pèlerinage. Il n'en reste plus de trace aujourd'hui.

A quelques pas du château de Lamarthonie (2), sur les bords et la rive gauche de la rivière, on voit encore les ruines d'un oratoire que l'on dit avoir été dédié à sainte Radegonde.

L'église actuelle de Saint-Jean ne servait pas autrefois d'église paroissiale. Celle-ci occupait une partie de l'emplacement du cimetière actuel et portait le nom d'église de Saint-Jacques. Elle était située entre le vieux pont et la source dite *Fontaine de l'Amour*. On y célébrait les exercices de paroisse et notamment les fonctions obituaires. Elle avoisinait le champ du repos, conformément aux anciens usages liturgiques.

L'existence de ce monument nous explique pourquoi l'on trouve dans certains actes cette formule : Ce jourd'hui a été baptisé ou inhumé dans l'église de Saint-Jacques de Saint-Jean, N... Cet édifice tombant

---

(1) *Excurs. arch.*, l. cit.
(2) *Bull. arch.*

de vétusté a définitivement été démoli pour servir à l'agrandissement du cimetière. L'église actuelle portait alors le titre d'église des chanoines réguliers de Saint-Jean-de-Côle.

Ces diverses églises dépendaient des chanoines réguliers de St-Jean. Le service de l'église paroissiale de St-Jacques était fait par le prieur du couvent, qui s'adjoignait un chanoine pour remplir les fonctions de vicaire. La chapelle de St-Léonard-de-Jouvent était également desservie par un chanoine du prieuré ; il est même probable qu'à côté de la chapelle se trouvait une maison servant de pied-à-terre aux religieux quand ils venaient de St-Jean pour accomplir leur ministère. On appelait cette maison le *Prieuré de St-Léonard: Prioratus sancti Leonardi de Jouvenc* (1).

La multiplicité de ces chapelles trouve son explication dans les ardeurs de la foi de nos pères, qui tenaient à honneur d'élever ces succursales, pour jouir, à quelques pas de leurs demeures éloignées de l'église, des beautés du culte catholique.

Le presbytère n'avoisine malheureusement pas l'église. Bien que la commune et la fabrique paroissiale aient fait de réels sacrifices pour procurer un local convenable au pasteur de la paroisse, néanmoins on aurait dû témoigner plus de soin pour veiller à l'entretien de cet édifice. Situé à plus d'une centaine de mètres de l'église, il est enclavé entre plusieurs maisons donnant accès sur la route de Thiviers, en face du chemin de St-Pierre-de-Côle. Il est vrai que tous les inconvénients qui résultent de la position peu favorable de la maison curiale ou de son mauvais entretien sont compensés par la contiguïté d'un vaste jardin qui aurait encore plus d'agrément s'il n'était si exposé à la vue du public.

(1) *Bulletin archéologique.*

Dès le XIe siècle, la paroisse de St-Jean-de-Côle faisait partie du diocèse de Périgueux. Nous en avons la preuve dans la fondation même du couvent et de l'église par Raynaud de Thiviers, évêque de Périgueux, vers l'an 1083. Ce vénérable prélat n'aurait pas fondé un couvent, élevé une église et affecté de prime abord à son service seize chanoines, ainsi que l'atteste le P. Dupuy(1), si le territoire sur lequel il fit ces fondations eût été en dehors de sa juridiction épiscopale (2).

Un grand nombre de pièces que nous avons retrouvées concernant St-Jean-de-Côle et portant une date postérieure au XIe siècle ne font que corroborer notre affirmation. D'ailleurs les limites que M. de Laugardière assigne à l'ancien diocèse de Limoges laissent toujours St-Jean dans celui de Périgueux (3).

La forme elle-même de l'église de St Jean, imitation de celle de St-Front, et, au dire de M. de Verneilh, l'une des trois premières filles de la cathédrale de Périgueux, viendrait encore à l'appui de notre hypothèse, qui semble ainsi à l'abri de toute contradiction(4).

Après le concordat de 1801, le Nontronnais dépendit de l'évêché d'Angoulême, jusqu'en 1822, époque à laquelle fut rétabli l'évêché de Périgueux (5). La paroisse de Saint-Jean-de-Côle a donc fait partie du diocèse d'Angoulême durant une vingtaine d'années.

Le climat de Saint-Jean-de-Côle est celui du Haut-

---

(1) *L'état de l'église du Périgord*, p. 21.

(2) On trouve cette note marginale ajoutée anciennement au texte de la « Chronique de Malen » et relative à la fondation de St-Jean-de-Côle, par Raynaud de Thiviers : « Qui Prioratum S. Joannis de Cola, *Petragoricensis diœcesis* dotavit, œdificavit et fundavit et ipsi prioratui plures redditus et ecclesias acquisivit. » (De Verneilh, *Arch. byz.* p. 197 note).

(3) *Notes historiques sur le Nontronnais*, p. 114.

(4) *L'Architecture byzantine en France*, p. 164.

(5) *Note hist. sur le Nontronnais*, p. 56.

Périgord. Il est sain, la température y est douce et agréable, et diffère peu de celle de Périgueux. La position de St-Jean, encaissé entre deux collines, le met à couvert des rafales du vent du nord. L'été et l'automne y sont secs, chauds et singulièrement beaux, comme dans tout le Périgord ; mais les pluies y sont fréquentes dans les saisons d'hiver et de printemps. D'avril à octobre, les orages n'y sont pas rares et occasionnent plusieurs fois de terribles dégâts. Telle fut la grêle du 1ᵉʳ juillet 1878 ; la rive gauche de la rivière fut extraordinairement éprouvée et les pertes en furent ruineuses. Tel encore l'ouragan du 12 février 1879, qui fit voler les toitures des maisons, brisa les verrières de l'église et renversa bon nombre d'arbres de la vallée.

En général, les habitants de Côle sont bons et affables ; ils sont attachés à leurs pasteurs spirituels et en conservent un bon souvenir. Cependant le fond du caractère est profondément égoïste et tant soit peu sauvage.

Une indifférence trop marquée règne dans cette population au point de vue religieux, il faut le dire. Bien des causes ont amené ces fâcheux résultats. L'ignorance profonde des choses de la religion, la mauvaise éducation donnée aux enfants, la présence de plusieurs personnes, médiocres en elles-mêmes, mais pourtant assez influentes pour entretenir dans ce pays un foyer de discorde et opposer ainsi des obstacles, par leurs menées déloyales ou leurs conseils malveillants, à ceux qui voudraient y faire le bien : telles sont les causes principales qui ont grandement contribué à jeter sur Saint-Jean-de-Côle ce vernis de réputation douteuse dont il a le triste privilège de jouir en Périgord.

CHAPITRE II

FORMATION DE L'ÉGLISE ET DU PRIEURÉ DE S.-JEAN-DE-COLE

Raynaud de Thiviers, évêque de Périgueux. — Fondation de l'église de Saint-Jean de Côle. — Un chapitre de chanoines réguliers est attaché à cette église, (1083-1100).

Le fondateur de l'église de Saint-Jean-de-Côle fut Raynaud de Thiviers. Il vivait vers la fin du XI siècle. Il succéda à Guillaume de Montbrun sur le siège épiscopal de Périgueux et dirigea cette église pendant l'espace de dix ans et quatre mois. Il mourut, le 6 septembre 1099, selon la chronique de Saint-Front et la *Gallia Christiana* ; ou en 1102, selon d'autres. Il voulut accompagner les troupes chrétiennes qui prenaient les armes pour voler à la défense des Saints Lieux et fit partie de l'expédition que dirigeait le duc d'Aquitaine. Un jour qu'il célébrait les saints mystères, les Sarrasins fondirent sur lui et le massacrèrent. Raynaud de Thiviers était monté sur le siège de Périgueux en l'an 1081. Ce fut ce saint évêque qui fit bâtir l'église de Saint-Jean-de-Côle et la fit desservir par des chanoines réguliers (1).

Telle est l'époque précise de la fondation de l'église

(1) Ecclesiam S. Johannis de Cola ædificavit, conventualem prioratum fundavit, ac canonicis regularibus tradidit. *Gall. Chr.* Eccl. Petroc.

canoniale de Saint-Jean et du couvent qui y est contigu ; cette date est certainement comprise dans la période des vingt dernières années du xi° siècle. Le P. Dupuy fixe cette fondation de l'an 1083 à 1094 (1). Les auteurs de la *Gallia Christiana* vont jusqu'à assigner la date exacte de 1086 (2).

« La date de l'Église de Saint-Jean, dit M. du Verneilh, se trouve donc admirablement déterminée, puisqu'elle est comprise dans un court intervalle de vingt années, que la durée des travaux remplit nécessairement en grande partie. Ce n'était point une reconstruction dont il s'agissait, comme à Saint-Astier et à Brantôme, mais d'une création nouvelle ; et, d'un autre côté nous pouvons le dire, le style actuel de l'église de Saint-Jean qui admet encore comme à Saint-Front et à la Cité des grandes coupoles apparentes au dehors, ne permettait pas de supposer un seul instant qu'elle eût pu être rebâtie depuis Raynaud de Thiviers. Il serait tout au plus admissible que sous le successeur de cet évêque on eût mis la dernière main à l'édifice. Mais puisque Raynaud avait pu y établir de son vivant des chanoines réguliers, il fallait que l'œuvre différât peu déjà de ce qu'elle est aujourd'hui ; car, si elle a été réparée et consolidée postérieurement, elle n'était pas de nature à être entreprise en deux fois. En définitive, il n'y avait aucune chance sérieuse d'erreur, ni dans un sens ni dans l'autre, et l'église de Saint-Jean devenait dans toute la force du mot un monument à date certaine (3).

Voici comment le P. Dupuy raconte la fondation de l'Église et de la chanoinie de Saint-Jean. Il commence

---

(1) Etat de l'église du Périgord, p. 21. — M. de Laug. Bull. arch.
(2) Eccl. Petroc. Col. 146.
(3) *L'Archit. Byz.*, p. 193.

ÉGLISE DE ST JEAN-DE-CÔLE

d'abord par faire remarquer que Raynaud de Thiviers jeta les fondements de cette œuvre avant de quitter son diocèse pour faire partie de l'expédition contre les Musulmans. « Auparavant de nous embarquer au voyage d'Outremer, remarquons premièrement côme nostre sainct Evesque fit bastir l'Esglise de Saint-Jean-de-Colle, le bourg de ce lieu prenant son nom de la rivière *Colla* qui le traverse ; il y fonda ensuite un Prioré conventuel de Chanoines réguliers de St-Augustin, où jadis, suivant la pancarte, estoient les offices suivants : le Secrétaire (Sacristain), le Chantre, le Provost (Prévôt), l'Infirmier et l'Aumônier. Le nombre des religieux estoit de seize résidents. Jugez combien fut magnifique la libéralité de cet Evesque pour l'entretien et la fondation de ce chapitre ! (1) »

Le prieuré de Saint-Jean-de-Côle est sans contredit un des plus anciens du Nontronnais, et le cède à peu d'autres couvents du Périgord. Il a précédé d'un demi-siècle les abbayes de Peyrouse (2), fondée le 29 mars 1153, année de la mort de St-Bernard et de Boschaud (3), succursale de Peyrouse, dont elle reçut le trop plein, dit M. de Verneilh. La célèbre abbaye des chanoines réguliers de Chancelade, ne date que de 1120, et l'illustre monastère de Cadouin que de 1113. La ville de Thiviers au XVIIe siècle possédait cinq couvents, mais ils appartenaient tous aux diverses branches de l'ordre de St-François.

Le lieu choisi par Raynaud de Thiviers pour l'établissement d'une communauté était des plus propices à favoriser la vie religieuse. Séparé des autres habitations, d'un côté par l'Eglise conventuelle et la rivière, difficile à franchir à cet endroit, protégé d'un autre

---

(1) *L'Estat de l'Église du Périgord*, p. 21.
(2) Appendice I.
(3) Voir Appendice II.

par le château de la Marthonie, probablement longtemps contigu au prieuré pour doubler ainsi ses moyens de défense contre les aggressions de l'ennemi, toutes ces dispositions étaient éminemment favorables au recueillement. Les chanoines réguliers ne pouvaient ainsi communiquer à l'extérieur que par l'église canoniale. Toutes ces conditions réunies firent ainsi trouver aux religieux de St-Jean les mêmes avantages de solitude et de silence que la nature fournissait elle-même aux monastères voisins de Peyrouse et de Boschaud établis au milieu d'épaisses forêts ou de vallées profondes.

Bien que l'on donne généralement le titre d'*Abbaye* au monastère de St-Jean, néanmoins aucun abbé ni régulier, ni commendataire ne le dirigea. La beauté de l'église et la juste renommée que ce monument s'était acquise en Périgord, avaient seules pu fournir le prétexte de donner ce nom d'Abbaye à l'édifice conventuel qui l'entourait. Ses chanoines réguliers établis dès l'origine de la fondation, par Raynaud de Thiviers, n'eurent à leur tête que de simples *prieurs*, qui s'adjoignaient le titre de Curés, à raison du ministère paroissial qu'ils remplissaient. Il est donc évident que le seul titre historique qui convienne au monastère de Saint-Jean-de-Côle est celui de *Prieuré*. « On donnait ce nom, dit M. Chéruel, à des communautés religieuses, à des églises paroissiales et à des bénéfices simples ; les prieurés *conventuels* formaient de véritables monastères, où il y avait cloître, chapitre, réfectoire, dortoir, en un mot tous les lieux prescrits par la règle monastique. Les *prieurés-cures* n'étaient distincts des autres églises paroissiales que parce qu'ils étaient desservis par des membres du clergé régulier. Les religieux de St-Victor, de Ste-Geneviève et de Prémontré possédaient un grand nombre de

FORMATION DE L'ÉGLISE ET DU PRIEURÉ

Prieurés-cures (1). Toutes ces explications nous font assez connaître dans quelle catégorie nous devons ranger le prieuré de St-Jean-de-Côle.

Jusqu'aux jours néfastes de la Révolution française, cet ancien couvent a eu le rare privilège de ne point sortir de la paisible possession des chanoines réguliers de St Augustin, établis au XIe siècle par le pieux Raynaud de Thiviers. Au XVIIe siècle, les religieux de St-Jean furent des premiers à embrasser la réforme des Génovéfains, et, depuis cette époque jusqu'à la Révolution de 1793, ils ne furent plus connus que sous cette dénomination.

La terrible tourmente révolutionnaire fit lever de mauvais jours pour l'église de St-Jean-de-Côle et son prieuré ; ce que l'inexorable faux du temps avait respecté, la rage des hommes ne l'épargna point Un jour, de sinistres démolisseurs se présentent à la porte du vieux moûtier et en chassent ses paisibles habitants, réduits au nombre de trois. Dès lors les voûtes de la collégiale ne résonnent plus des harmonies de la louange divine, un silence de mort règne dans les murs déserts de la vieille chanoinie. Dieu venait de la quitter avec ses représentants. Cette maison, devenue profane, passa successivement en diverses mains, et aujourd'hui encore elle n'est pas rendue à sa première destination.

Cependant le digne successeur actuel de Raynaud de Thiviers sur le siège de St-Front a eu l'heureuse inspiration de faire revivre les anciennes traditions de St-Jean-de-Côle. Par ses soins, une nouvelle communauté de chanoines réguliers vient de s'établir dans la paroisse de St-Jean. Le 27 mai 1877, S. G. Mgr Dabert y a installé les chanoines réguliers de l'ordre de Prémontré. Si cette communauté n'habite pas l'ancien

---

(1) *Dictionnaire des Institutions de la France.* V. Prieuré.

prieuré, fort délabré aujourd'hui, et qui exigerait d'immenses réparations pour être dans des conditions favorables à la vie commune, du moins la belle église byzantine est de nouveau desservie par un chapitre de chanoines réguliers.

L'antique sanctuaire est sorti de son morne silence de quatre-vingts ans; les huit siècles passés semblent renaître pour la vieille basilique du Périgord. Comme autrefois, le soin spirituel de la paroisse est confié à la direction de nouveaux chanoines réguliers, comme elle le fut à celle des Augustins et des Génovéfains. St-Jean-de-Côle est aujourd'hui un véritable prieuré-cure, comme il le fut pendant une longue période de près de huit cents ans.

CHAPITRE III

LES AUGUSTINS DE SAINT-JEAN-DE-COLE

Ce qu'étaient les premiers religieux qui occupaient le prieuré de Saint-Jean-de-Côle.— Notice sur les chanoines réguliers. — Ce qu'étaient les chanoines réguliers de l'ordre de Saint-Augustin. — Ce qu'étaient les Augustins de Saint-Jean-de-Côle. — Catalogue des prieurs de Saint-Jean depuis la fin du xie siècle jusqu'au xviie (1086-1660).

Le témoignage du P. Dupuy qui prend un soin si minutieux de mentionner le nombre exact de chanoines réguliers placés autour de l'église de St-Jean-de-Côle nous indique suffisamment les pieux projets de Raynaud de Thiviers en jetant les fondements de cet édifice. Construire un temple magnifique en l'honneur du saint Précurseur ne réalisait qu'une partie du plan de l'évêque de Périgueux ; il se proposait encore de reproduire une imitation des basiliques de St-Front et de St-Étienne de Périgueux.

L'établissement d'une communauté de chanoines réguliers à côté de l'église de St-Jean élevait celle-ci au-dessus des églises paroissiales, la mettait au rang des églises que l'on nommait *collégiales*, et lui faisait tenir, dans le diocèse, sous le rapport hiérarchique, une des premières places, ne cédant le pas qu'aux églises de St-Front et de St-Étienne, dont elle était une fidèle copie. L'œuvre atteignait ainsi le dernier degré de perfection rêvée par son auteur.

Puisque ce sont des chanoines réguliers qui ont desservi l'église construite sur les bords de la Côle, durant une période non interrompue de sept siècles, il ne semble pas inutile de dire quelques mots de cet ordre célèbre, qui jeta un si vif éclat dans l'église.

L'ordre des chanoines réguliers est un ordre de clercs faisant profession de la vie canonique selon le saint Évangile et selon l'institution apostolique. Deux choses se trouvent essentiellement unies en la personne du chanoine régulier, l'état ecclésiastique et l'état religieux. Ces deux éléments ont une telle connexité, que le chanoine régulier occupe ainsi une situation à part dans l'Église. Séparé du clergé séculier par la profession religieuse qui lui impose toutes les obligations de l'état de perfection, le chanoine régulier ne peut être cependant assimilé au moine qui, en vertu de son institution première, ne devait point sortir de l'humble état de simple fidèle.

On a vivement discuté l'époque à laquelle il faut faire remonter l'origine de l'ordre des chanoines réguliers. Plusieurs savants ne font pas difficulté d'en attribuer la fondation à N.-S. J.-C. lui-même. Modèle du prêtre, le divin Sauveur fut aussi celui du parfait religieux. Ses premiers disciples, non contents de participer au sacerdoce de leur Maître, veulent aussi pratiquer les conseils évangéliques dans toute leur perfection. Pauvres, chastes, obéissants comme Jésus, ils remplissent la haute mission qu'ils ont reçue, de porter la bonne nouvelle jusqu'aux extrémités les plus isolées de l'univers. En un mot, ils offrent le vrai type de la vie canoniale qui se perpétuera d'une façon admirable dans les rangs du clergé des premiers temps.

Un grand nombre de clercs des quatre premiers siècles de l'Église, furent jaloux de marcher sur les traces des apôtres; comme eux, ils voulurent embrasser toute la perfection des conseils évangéliques. Les souverains pontifes encouragèrent ce genre de vie et l'étendirent avec zèle.

Un des plus ardents promoteurs de la vie des chanoines réguliers fut saint Augustin, évêque d'Hippone. Le saint docteur, voyant que le clergé abandonnait peu à peu ce genre de vie qui l'avait rendu si fort durant les siècles précédents, entreprend de le faire revivre parmi les clercs de son Église. Il leur impose la vie commune, qu'il observera lui-même le premier, et formule une règle qui deviendra la base de celle de la plupart des ordres religieux que l'esprit de Dieu suscitera plus tard dans l'Eglise. L'œuvre de saint Augustin ne rayonnera pas seulement dans les églises d'Afrique qui voudront l'imiter, mais elle traversera les mers, viendra s'implanter à Saint-Jean-de-Latran, et de là se communiquera aux églises les plus reculées de l'Europe. Ce sera donc à bon droit que l'histoire décorera le grand docteur africain du beau titre de fondateur ou plutôt de restaurateur de la vie canonique, c'est-à-dire de la vie des chanoines réguliers.

A diverses époques, Dieu suscite d'autres saints personnages dont la mission principale est de maintenir une si sage institution. Au VIII° siècle, saint Chrodegand, évêque de Metz, se montre jaloux de faire revivre dans le clergé de son église les traditions de celui d'Hippone. « Toute sa préoccupation, dit un historien de nos jours, se concentre sur le collège canonial de sa cathédrale de Saint-Etienne, où il veut que les clercs vivent en commun avec l'évêque, sous la direction générale de celui-ci (1). »

(1) Darras, *Hist. ecclés*. T. 17, p. 341, n° 12.

Un demi-siècle plus tard, en 816, le Concile d'Aix-la-Chapelle confirme de sa haute autorité la sage institution de l'évêque de Metz, en s'occupant d'affermir et de répandre de plus en plus les traditions apostoliques au sein de chaque église canoniale. Trois ans auparavant, en 813, le Concile de Mayence avait montré la même sollicitude en obligeant les chanoines réguliers à mener la vie commune (1).

Au XI° siècle, Yves de Chartres, d'abord prieur d'un monastère de chanoines réguliers à Beauvais, puis évêque de Chartres, fait fleurir la discipline canoniale dans le clergé de son église cathédrale, avec autant de zèle qu'il a maintenu ces saintes traditions dans son monastère de Beauvais. Vers le même temps, on voit apparaître dans le diocèse d'Arras la célèbre congrégation des chanoines réguliers d'Arouaise.

Avec le XII° siècle, à deux points opposés de la France, nous voyons deux autres congrégations devenues célèbres, l'une à Chancelade, dans le diocèse de Périgueux, et la seconde dans le diocèse de Laon, dont l'auteur fut St Norbert, plus tard archevêque de Magdebourg. « St Norbert fonda, en 1120, dit M. Chéruel, l'ordre le plus célèbre de chanoines réguliers sous le nom de Prémontrés. Les Antonins et les Génovéfains suivaient aussi la règle de saint Augustin (2).

Presque toutes les églises d'Europe, à peu d'exceptions près veulent se modeler sur celle d'Hippone. Un des disciples de St Augustin, qui plus tard montera sur le siège de St Pierre sous le nom de Gélase I*, implantera la vie canoniale au sein même de Rome, dans la première basilique du monde, la mère et

---

(1) *Hist. de l'Egl. Gall.* T. V. L. XIII.
(2) *Dict. des instit. de la France.* — V. chanoines réguliers.

maîtresse de toutes les églises. Telle sera l'origine de la congrégation célèbre des chanoines réguliers de St-Jean-de-Latran (1). L'exemple se communiquera aux grandes églises des Gaules : Paris, Lyon, Narbonne, Rouen, Bourges, Toulouse, Besançon, Bordeaux, Sens, Avignon, Metz, Poitiers, etc., auront des chapitres de chanoines réguliers, vivant en commun dans le cloître qui avoisine l'église cathédrale (2).

Les chanoines réguliers étaient attachés au service d'une église particulière, sous l'autorité du premier pasteur de cette église, évêque, abbé ou prieur, selon la dignité de cette église, cathédrale, abbaye ou simple prieuré. Leur but était d'allier les fonctions de l'apostolat à la pratique des conseils évangéliques. Desservir des églises paroissiales, ce qui était interdit à la plupart des ordres religieux (3), annoncer la parole de Dieu, administrer les sacrements, et en même temps pratiquer la pauvreté et la chasteté, vivre sous l'obéissance d'un supérieur, tel était l'ensemble des devoirs du chanoine régulier.

La plupart des communautés de chanoines réguliers qui se proposèrent d'imiter le genre de vie dont St Augustin fut l'ardent promoteur, ne voulurent pas adopter d'autre règle que celle de ce grand docteur. De là, l'origine du nom de chanoines réguliers de St Augustin, donné à tous les membres qui faisaient partie de ces communautés.

Tels étaient les religieux que Raynaud de Thiviers plaça auprès de l'église de St-Jean-de-Côle. Ce n'étaient point de simples moines, comme à Peyrouse ou à Boschaud, mais de vrais chanoines réguliers chargés de perpétuer les traditions canoniales avec toutes

---

(1) Mologari. *De instit. et progres. Con. Reg.* Venitiis, 1648, p. 98.
(2) Lupaigo. *Biblioth. Præm.*, lib. 1, p. 103.
(3) Chéruel. *Dict. des instit.*, loc. cit.

leurs obligations. Le chapitre régulier de St-Jean-de-Côle, vingt-cinq ans plus tard, verra l'heureuse naissance de celui de Chancelade, et ces deux centres de vie canoniale maintiendront, grâce aux réformes dont ils seront l'objet à diverses époques de leur histoire, les pures traditions de l'église d'Hippone au sein du diocèse de Périgueux, jusqu'aux jours néfastes de la Révolution française.

La règle des chanoines réguliers de St-Jean ne fut autre que celle de St Augustin. Le nom de religieux augustins qu'on leur a donné jusqu'au XVII° siècle le prouve suffisamment. Le contraire serait difficile à expliquer si l'on s'en rapporte au témoignage du P. Dupuy, qui a soin de nous dire que l'évêque de Périgueux « forma un prieuré conventuel de chanoines réguliers de St Augustin (2). »

Nous ne savons de quelle ruche provenait le nouvel essaim de chanoines réguliers qui alla se reposer sur les bords de la Côle. Le P. Dupuy, qui semble noter les moindres détails relatifs à cette fondation, garde sur ce point un silence profond. La fondation de l'abbaye de Chancelade étant d'une date postérieure, les chanoines réguliers de St-Jean ne pouvaient provenir de cette congrégation. Nous pensons que Raynaud de Thiviers n'eut qu'à choisir autour de lui, dans les rangs de son clergé, des hommes désireux d'embrasser la vie canoniale sous la règle de St Augustin. Ce fut ainsi du reste que se fonda la congrégation de Chancelade (2). Il suffisait, en effet, pour être chanoine régulier de mener la vie canoniale, et chaque évêque pouvait l'établir librement dans son diocèse, à l'exemple de St Augustin, à Hippone et de St Chrodegand, à Metz.

(1) *L'Estat de l'Eglise du Périgord*, p. 21.
(2) Hélyot. *Dict. des ordres religieux*. V. Chancelade.

Les principales obligations des chanoines réguliers consistaient à mener la vie commune autour de l'Eglise qu'ils desservaient. Office divin en chœur, table commune, dortoir commun, vestiaire commun, obéissance parfaite à un supérieur légitimement élu, qui prenait le titre de prieur, d'abbé ou d'évêque, tels étaient les points principaux de la vie canoniale si admirablement formulés dans la règle de St Augustin (1). Ce qui reste aujourd'hui des anciens bâtiments du prieuré de St-Jean ne fait que confirmer notre assertion. Une partie du cloître canonial est encore debout, et bien que les autres lieux réguliers aient reçu une autre destination de la part des propriétaires qui les ont successivement occupés, il est néanmoins facile de se convaincre de leur existence et de l'usage auquel ils étaient jadis affectés.

Les chanoines réguliers avaient pour habit distinctif une sorte de robe blanche de lin, c'était l'aube devenue à peu près le surplis actuel (2). Mais quant à la couleur de la robe et des autres vêtements accessoires, il n'y avait pas d'uniformité entre les différentes congrégations. La plupart avaient adopté la couleur blanche sans mélange d'autre couleur. Tels étaient les chanoines réguliers d'Arouaise, de St-Victor et de Prémontré, qu'on appelait les chanoines blancs (3).

Nous ignorons absolument quelles étaient la forme

---

(1) Non dicatis aliquid proprium, sed sint vobis omnia communia (Reg. cap 2). Orationibus instato horis et temporibus constitutis (Id. ch. 4). Vestes vestras in unum habeatis, et sicut pascimini ex uno Cellario, sic induamini ex uno vestiario (Id. cap. 8). Proposito tanquam patri obediatur. (Id. cap. 11)

(2) Habitus canonicorum regularium proprius ac determinatus est camisia linea, sive toga linea (Zaisperg. *Tyroc. canonic.*, t. 2, ch. XII, p. 503).

(3) Hélyot. *Dict. des Ordres religieux.* V. Chanoines réguliers, col. 778, éd. Migne.

et la couleur adoptées par les Chanoines réguliers de St-Jean jusqu'à la réforme des Génovéfains au XVIIe siècle. Outre l'aube blanche ou le surplis, qui était commun à tous les chanoines réguliers, la proximité de Chancelade, le peu de temps qui a séparé ces deux fondations, tout porte à croire que le costume propre aux membres de ces deux congrégations ne devait pas offrir une grande différence. Or voici comment le P. Hélyot fait la description de l'habit des chanoines réguliers de Chancelade :

« L'habillement des chanoines réguliers de la réforme de Chancelade consiste en une robe blanche et un petit scapulaire de linge par dessous, lié avec une ceinture de laine, et, quand ils sont au chœur, ils portent le surplis avec l'aumusse noire sur le bras en été et la chape de même couleur en hiver (1). »

Les chanoines réguliers de St-Jean devaient sans doute se lever au milieu de la nuit pour chanter les louanges du Seigneur, suivant en cela la coutume générale de la plupart des autres congrégations canoniales jusqu'au XVe siècle. C'est ainsi que nous voyons les chanoines réguliers de St-Victor de Chancelade (2) et de Prémontré maintenir longtemps ce pieux usage, conformément à leurs statuts particuliers, la règle de St Augustin gardant le silence à ce sujet.

Il est probable aussi que les chanoines réguliers de St-Jean, outre la règle de St Augustin, durant les quatre premiers siècles de leur existence avaient des statuts particuliers à l'exemple de toutes les autres congrégations qui suivaient la règle de l'évêque d'Hippone. Ces statuts devaient régler l'abstinence, le jeûne, le silence, les heures de l'office divin, des repas, du lever et du coucher, les relations avec les supé-

(1) Hélyot. V. Chancelade, col. 76.
(2) Hélyot. V. Chancelade, col. 76.

rieurs, les frères et les étrangers, etc. ; en un mot, c'est là que l'on devait trouver minutieusement noté tout ce qui regardait les us et coutumes de la communauté. Mais nous ne possédons aucun document de nature à jeter quelque trait de lumière sur ce point, les archives du prieuré qui auraient offert le plus vif intérêt pour tout ce qui regarde le passé de St-Jean, étant devenues la proie des flammes en 1793. Ce n'est pas, hélas ! la seule ruine opérée par le vandalisme révolutionnaire.

Nous trouvons dans la collection Lespine (1) l'extrait de Célestin III à Guy, prieur de St-Jean-de-Côle. Ce document porte la date de 1192. Le pape prend sous sa protection le prieuré et ses dépendances et lui accorde les bénéfices de plusieurs chapelles et églises, au nombre desquelles nous voyons figurer les chapelles de *St-Jean-de-Côle* et de *St-Léonard-de-Jovenc* ; l'église de *St-Pierre-de-Côle* et la chapelle de *St-Saturnin-de-Bruzac* ; les églises de *St-Martial*, de *Villars*, de *St-Front-la-Rivière*, de *St-Martin-de-Fressengeas*, de *St-Clément*, de *St-Aignan-de-Chalais* dans le Nontronnais (2).

Voici ce que disait le pontife :

« Célestin, évêque, serviteur des serviteurs de Dieu, à nos fils bien-aimés, Guy, prieur de l'église de St-Jean-de-Côle et à ses successeurs. Nous prenons tous vos biens sous la protection du bienheureux Pierre et de la nôtre, pour vous les confirmer à vous, comme à vos successeurs, et les rendre à jamais inviolables. Parmi ces biens, nous avons jugé opportun de mentionner les suivants, sous leurs noms respectifs, à savoir le lieu où se trouve située la susdite église avec toutes

(1) Lespine, v. 25.
(2) De Laugardière, *Bullet. Arch.*

ses dépendances, la chapelle de St-Jean-de-Côle, la chapelle de St-Léonard-de-Jovenc ; l'église de St-Pierre-de-Côle, la chapelle de St-Saturnin-de-Bruzac ; l'église de St-Martial-de-Villars, l'église de St-Front-la-Rivière, l'église de St-Martin-de-Fressengeas, l'église de St-Clément, l'église de St-Aignan-de-Chalais, l'église de St-Saturnin-de-Trogona, l'église de St-Martin, sise près de Périgueux, et l'église de St-Martinet-de-Juillac ; la chapelle de St-Jean-de-Bars, la chapelle de St-André-de-Monbru, avec leurs dépendances. Donné à Rome, le cinq juin, indiction dixième de l'an de l'Incarnation de N.-S. 1192 (1). »

Cette bulle nous explique comment, dans certains actes de paroisse, nous trouvons la signature de plusieurs religieux remplissant les fonctions curiales ou vicariales dans des paroisses voisines et même assez éloignées. On suppose facilement que ces religieux venaient de temps en temps passer quelques jours au sein de leur communauté et que dans l'intervalle ils administraient les sacrements, ou accomplissaient d'autres fonctions paroissiales.

Cet état de choses a subsisté bien longtemps après la réforme des Génovéfains. « Le 25 septembre 1650, il a été procédé, lisons-nous dans un ancien acte, à l'inhumation d'Aubier Abria, religieux, curé de Chalus, qui est mort en tombant de la tour des cloches de Thiviers. Il fut remplacé le 6 décembre suivant, par Chanaud, chanoine régulier de St-Jean. » En 1672, J. Vaillant, chanoine régulier, vicaire de S. Jean, en l'absence de l'ordinaire, se signe *curé de St-Pierre-de-Côle*.

Nous ne possédons qu'une liste fort incomplète des anciens prieurs de St-Jean-de-Côle depuis la fondation

(1) V. Appendice III.

jusqu'à l'avènement des Génovéfains. La collection Lespine nous a conservé quelques noms, M. de Laugardière en a découvert quelques autres (1), et nous avons pu nous-même ajouter quelques noms nouveaux à cette nomenclature.

Le catalogue suivant contient également le nom de quelques autres religieux de la communauté de St-Jean ; nous mentionnons à la suite de chaque nom ce qui pourrait se rattacher à sa mémoire, selon que les documents que nous avons sous les yeux peuvent nous le permettre.

Les auteurs de la *Gallia Christiana* ont puisé dans les archives de St-Jean-de-Côle pour la composition de leur docte ouvrage (2) ; au témoignage de ces écrivains, ces documents étaient d'une importance notable; qu'est devenu ce trésor? La proie des flammes, en 1793 ! Tant il est vrai que le souffle révolutionnaire est aussi funeste au développement des sciences qu'à la paix intérieure et à la prospérité de la religion !

CATALOGUE DES PRIEURS
DES CHANOINES DE SAINT-JEAN-DE-COLE

De 1080 à 1200

1173. *Bernard*, prieur de l'église de St-Jean-de-Côle. C'est le premier que nous connaissions. La *Gallia Christiana* nous dit que Pierre Minot, évêque de Périgueux, le confirma, ainsi que sa communauté, dans la possession de l'église de St-Jean-de-Côle et de toutes ses dépendances(3). Le motif de cette faveur fut l'hum-

---

(1) *Bulletin Arch.*

(2) Ex instrumento quod legimus in archivio S. Joannis de Côla in instrumento laudato logimus, etc. (*Gallia Christ. Diœc. Petroc.*, col. 1469).

(3) *Eccl. Petroc.* col. 1469. — V. Appendice, IV.

ble soumission que l'église de St-Jean-de-Côle avait toujours témoignée à l'égard de l'église de Périgueux. Pierre Minet ne fait du reste que suivre l'exemple d'Assida, son prédécesseur sur le siège de St-Front. Ce document porte la date de 1173, la 15ᵉ année du pontificat d'Alexandre, la 5ᵉ de l'épiscopat de Pierre Minet, sous le règne de Louis VII, roi de France, pendant que l'Aquitaine était gouvernée par Henri II, roi d'Angleterre.

1192. *Guy.* C'est à lui que le pape Célestin adresse la bulle dont nous avons déjà parlé et dans laquelle le souverain pontife met sous la protection du bienheureux Pierre et de la sienne l'église de St-Jean, ainsi que toutes les possessions et bénéfices qui en relèvent.

De 1200 à 1300

1254. *Hélie* était prieur de St-Jean-de-Côle, d'après un acte de donation consentie le jour du sabbat après *Lætare* de la dite année, au profit de l'abbaye de Peyrouse, par Pierre Augier de Maumont, chevalier, et dressé par le dit Hélie. *Helias, humilis prior sancti Johannis de Cola* (1).

1258. *Guillaume, Willelmus humilis prior sancti Johannis de Côla*, qui, le jeudi après la fête de saint Luc, 1258, scella de son sceau une donation faite par Hélie de Chabans, chevalier d'Agonac, à Adhémar de Manhac, clerc, chanoine de l'église de St-Front à Périgueux. En 1273 et le samedi après Quasimodo, il scella également, ainsi que le dit Adhémar de Manhac (ou Magnac), un acte de vente de quinze deniers de rente pour le prix de quinze sols, consentie à Hélie Girard, clerc, par Gérald de la Marthonie (2).

(1) *Bulletin Arch.*
(2) Lespine.

De 1300 à 1400

1318-1324, *Hélie de Fauzenac*. Transaction à cette dernière date entre Hélie de Fauzenac, prieur de St-Jean-de-Côle et Hélie de la Roche, chanoine d'une part et Itier de Magnac, chevalier, d'autre part (1).

1340. *Olivier de Neufville*. Oliverii de Novavillâ (2).

1347. *Bernard de Jaubert*. Le 13 mai 1347, collation du prieuré de St-Jean-de-Côle, par suite du décès du dit Olivier de Neufville, en faveur de Bernard de Joubert. (*Bernardo Jouberti*). Le samedi avant la fête de la Toussaint, 1350, Bernard de Jaubert, prieur de St-Jean-de-Côle, fut l'un des exécuteurs testamentaires nommés par Bernard Bestenc, damoiseau du repaire *del Chalard*, paroisse de St-Paul-Laroche. Les autres furent Olivier Flamenc, chanoine de Périgueux, et Pierre Bruchard, le seigneur de Jumilhac-le-Grand (3).

1356 *Bernard* était de St-Jean-de-Côle (4). Nous ignorons si ce personnage n'est pas le même que le précédent.

1380. *Guillaume de Papassol.*

1388. *Hélie de Girmond*, en faveur duquel eut lieu la collation du dit prieuré, devenu vacant par le décès du dit Guillaume Papassol.

1397 à 1414. *Raymond de Neufville*. Le samedi avant la fête de l'Invention de la sainte croix, 1414, Raymond de Neufville, prieur de St-Jean-de-Côle, fut l'un des témoins du testament de Gérald Bertenc, damoiseau, reçu par discret homme Guillaume Reynot, chapelain et vicaire perpétuel de St-Pierre-de-Côle.

(1) De Laugardière *Bull. Arch*.
(2) Lespine.
(3) Lespine.
(4) De Laug.

De 1400 à 1500

1400-1414. *Raymond de Neufville*, dont on vient de faire mention.

1426-1428. *Jérôme Barthélemy*. Le 11 février 1428, Jérôme Barthélemy, prieur de St-Jean-de-Côle, figure comme témoin dans un hommage-lige rendu à Fortanier Flamenc, seigneur de Bruzac, par Olivier de Beron, damoiseau (1).

1458-1462. *Guillaume de Clusel* ou *du Cluseau*, d'après un hommage rendu le 20 mai 1462 à noble Jean Flamenc, seigneur de Condat, par Bernard Raynier (Raynerii) pour et au nom de Guillaume de Clusel (Guillelmi Cluselli) prieur, pour ce que ce dernier tenait dans les bourg et paroisse de Villars (2).

1478. *Jean de Favier* (Faverii) (3).

De 1500 à 1660

1510. *Pierre de Cluseau*. Du 17 octobre 1510, transaction au sujet des dîmes de Quinzac entre Pierre de Cluseau prieur de St-Jean-de-Côle, *Guillaume Réné*, chapelain et curé de Saint-Paul Laroche, *Jean Bordés*, chapelain de Lempzours, et *Thomas de Vallabrune*, chapelain de Saint-Front Larivière, chanoine du dit prieuré, capitulairement assemblés dans le prieuré de St-Jean-de-Côle, d'une part, noble *Jean du Barry*, seigneur de la Renaudie ; frère André Billaud, prieur et syndic du monastère St-Pardoux Larivière, noble Pierre d'Ars, prieur commendataire de St-Angel et de son annexe de Quinsac, noble *Pierre du Barry*, son fils aîné, d'autre part (4).

---

(1) Lospine.
(2) Lospine.
(3) Lospine.
(4) De Laug. *Archives de St-Pardoux La Rivière.*

1574. *Henri de la Marthonie*, écuyer et conseiller du roi en la cour du parlement de Paris, était prieur de St-Jean-de-Côle (1); nous pensons que ce personnage n'était qu'un simple prieur commendataire.

1607. *Barly* se signe religieux curé de St-Johan-de-Colle(2); comme le prieur remplissait généralement les fonctions curiales, il est à croire que ce Barly était également prieur régulier.

(1) Lespine.
(2) Registres de la fabrique paroissiale de St-Jean-de-Côle, année 1607.

CHAPITRE IV

LES GÉNOVÉFAINS

Situation des ordres religieux au xvɪᵉ siècle. — Cause de leur décadence. — Réformes. — Histoire de Génovéfains. — Le Cardinal de la Rochefoucauld. — Le Père Charles Faure. — Constitutions, costume des Génovéfains. — Les Génovéfains de Saint-Jean-de-Côle. — Catalogue des prieurs de Saint-Jean depuis la réforme des Génovéfains jusqu'à la Révolution française. 1660-1793.

C'est durant la période du XIᵉ siècle et des trois siècles suivants que les ordres religieux touchent à l'apogée de leur gloire. On les voit prospérer d'une façon admirable, se multiplier avec la rapidité de l'éclair; les monastères sont des centres lumineux de science et de vertu. La ferveur produit une multitude de saints, la culture des lettres, une pléiade de savants.

L'âge d'or des sociétés religieuses devait s'éteindre avec le XIVᵉ siècle. Au commencement du XVᵉ, on voit poindre à l'horizon un élément dissolvant qui infiltre son venin corrosif jusque dans les solitudes les plus reculées. Le XVIᵉ siècle continue l'œuvre de destruction ; les ordres religieux perdent peu à peu cet éclat primitif, fruit des saintes observances, qui avait fait leur gloire durant de si longues années. Le protestantisme, les guerres de religion, les commendes sont tout autant de malheureuses causes qui produisent de si tristes effets. Les monastères, qui ont donné au monde de si heureux exemples de vertu tant qu'ils ont marché dans la voie étroite des conseils évangéliques, s'engagent peu à peu dans la voie large des innovations, dont le terme fatal n'est autre que la tiédeur et le dégoût des observances claustrales. Le luxe, l'irrégularité et d'autres abus furent la source du relâchement, et la vie religieuse, qui avait formé tant de saints, devint une pierre d'achoppement pour un grand nombre d'âmes.

Aux ruines matérielles amoncelées par les guerres, vinrent s'adjoindre les principes subversifs du protestantisme, qui trouva des fauteurs au fond des cloîtres allumant le feu de la discorde et entraînant les esprits à secouer le joug si puissant de l'obéissance. A tous ces désordres vinrent encore s'unir les nombreux abus dont les commendes furent la source, par l'immixtion de la puissance séculière dans les affaires ecclésiastiques ; les monastères n'étaient plus considérés qu'en vue des avantages pécuniaires qu'ils pouvaient offrir. Les abbés et prieurs commendataires, pour la plupart simples laïques, étaient des hommes souvent fort étrangers à la vie intérieure d'un monastère et peu soucieux d'y maintenir, avec la discipline régulière, la vigueur des traditions religieuses ; ils résidaient généralement loin de leurs bénéfices, n'ayant d'autre souci que d'en percevoir les gros revenus.

L'Eglise ne pouvait rester impassible en face de tels abus. Solennellement réunie au concile de Trente, cette majestueuse assemblée s'occupe activement de les extirper et de ramener la discipline régulière dans les monastères. Peu après, l'on voit surgir des hommes désireux d'appliquer les décrets du Concile ; un besoin général de réforme se fait sentir ; on trouve encore dans chaque congrégation des religieux désireux de faire revivre l'esprit du fondateur : les ordres religieux semblent reprendre une nouvelle vie, sous le souffle bienfaisant de cette heureuse réforme.

L'ordre des chanoines réguliers ne peut rester hors de ce grand mouvement. Tandis que le B. Pierre Fourrier introduit la réforme dans plusieurs monastères de Lorraine, tandis que le Père Servais de Lairuelz poursuit un but semblable dans l'ordre de Prémontré, ainsi qu'Alain de Solminiac dans la congrégation de Chancelade, un prince de l'Eglise s'occupe aussi de faire revivre les vraies traditions canoniales dans plusieurs maisons de chanoines réguliers. C'est le cardinal François de la Rochefoucauld, évêque de Senlis et abbé commendataire de Ste-Geneviève-du-Mont, à Paris, que Dieu destine à faire briller d'un nouveau lustre l'ordre canonial, en opérant par son entremise la réforme devenue célèbre des chanoines réguliers de la congrégation de France, plus connue sous le nom de *Génovéfains,* parce qu'elle eut pour siège principal, l'abbaye de Ste Geneviève à Paris, la première à l'embrasser.

Puisque les Augustins de St-Jean-de-Côle furent des premiers à arborer le drapeau de la réforme et à l'implanter au sein de leur communauté en acceptant les nouvelles constitutions données par le cardinal de la Rochefoucauld aux chanoines réguliers de Ste-Geneviève, il n'est pas inutile de donner quelques détails sur cette congrégation. Nous pourrons ainsi mieux pénétrer dans la vie intime des religieux de St-Jean, depuis le milieu du XVIIe siècle jusqu'à l'époque funeste où ils durent abandonner le toit hospitalier qui les avait abrités durant sept siècles consécutifs.

François de la Rochefoucauld, né en 1558, fut élevé au siège épiscopal de Clermont, par Henri III en 1585. Il fit briller tant de sagesse dans le gouvernement de son diocèse, montra un tel zèle pour faire adopter les décrets du concile de Trente et combattre le venin des pernicieuses doctrines, que le pape Paul V ne crut pouvoir mieux récompenser de tels services qu'en l'élevant à la haute dignité du cardinalat. Il reçut en effet le chapeau en 1607. Louis XIII, plein d'estime pour le nouveau cardinal, voulut le rapprocher de sa personne ; il lui donna le titre de grand aumônier, le fit nommer à l'évêché de Senlis en 1613 et abbé commendataire du chapitre de Ste-Geneviève, à Paris.

Un des premiers soins du prélat fut d'introduire la réforme dans les monastères qui relevaient de sa juridiction. Il reçut même la mission de travailler à une réforme générale des ordres religieux en France.

Son zèle fut couronné d'un plein succès, malgré les obstacles qu'il dut franchir pour extirper des abus invétérés. Il eut l'inestimable avantage de trouver, pour seconder ses efforts, des hommes fervents, au nombre desquels nous rencontrons le Père Faure, le digne réformateur du chapitre de Ste-Geneviève, que l'on regarde comme le fondateur des Génovéfains.

Le Père Charles Faure naquit en 1594 au village de Luciennes, dans les environs de Paris, près de Saint-Germain-en-Laye. Son père portait le nom de Jean Faure, seigneur de Marsinval, commissaire ordinaire des guerres, et sa mère, celui de Madeleine le Bossu. Il montra de bonne heure les plus heureuses dispositions. Enflammé du désir d'embrasser toute la perfection des conseils évangéliques, il résolut de quitter le monde et de se consacrer au Seigneur dans l'état religieux. A peine âgé de vingt ans, il vint frapper à la porte du monastère des chanoines réguliers de Saint-

Vincent de Senlis, dont l'abbé était l'ami de Jean Faure, son père. C'était en 1614.

Cette abbaye, fondée en 1060, avait été d'abord desservie par des chanoines réguliers, qui menèrent la vie la plus édifiante jusqu'au pontificat de Benoit XII, vers 1335. Mais peu après la mort de ce pontife, l'invasion des Anglais et les maux qu'elle entraîna sur le sol de la France, et surtout la lèpre de la commende firent tomber cette abbaye dans le plus profond relâchement. Elle croupissait dans cet état lorsque le jeune Faure y prit l'habit de chanoine régulier en 1614. Après un noviciat plein de ferveur, le jeune novice fut admis, le 1er mars de l'année suivante, à prononcer ses vœux religieux. Il fut ensuite envoyé à Paris pour y terminer ses études, dans lesquelles il fit des progrès merveilleux.

Tout en se livrant avec ardeur à la culture des sciences sacrées, notre fervent chanoine ne perdait pas de vue un projet qu'il nourrissait depuis longtemps. S'il n'était point sorti de son monastère, malgré l'irrégularité qui y régnait, c'est que la Providence le destinait à y opérer la plus heureuse transformation. Deux religieux de la même maison partagèrent ses vues et l'aidèrent de tout leur pouvoir à la réalisation d'une œuvre hérissée de difficultés, mais qui, sous le souffle de l'Esprit-Saint, devait être couronnée du plus beau succès. Le cardinal de la Rochefoucauld, alors évêque de Senlis, encouragea de tous ses efforts les nouveaux réformateurs et les protégea contre la malveillance dont ils eurent maintes fois à affronter les assauts. Le 22 septembre 1618, le Père Faure reçut l'ordination sacerdotale des mains du cardinal, prit en main le gouvernement de son monastère qu'on venait de lui confier, et Dieu répandit sur cette maison les plus abondantes bénédictions.

Le cardinal de la Rochefoucauld ne voulut pas borner ses travaux de réforme à l'abbaye de St-Vincent de Senlis ; celle de Ste-Geneviève n'en éprouvait pas un moindre besoin. Cette abbaye, qui remonte au VI° siècle, fut fondée vers l'an 511 par Clovis et sa pieuse épouse Clotilde. Erigée en abbaye de chanoines réguliers en 1148, ses hôtes pieux n'avaient point cessé depuis de mener une conduite conforme à la dignité de leur vocation. Mais l'esprit mauvais qui avait amoncelé tant de ruines dans les autres communautés ne pouvait respecter cet asile. Il s'y glissa insensiblement, amenant à sa suite un déplorable relâchement auquel la commende ne fit que prêter main forte. Cet état si funeste à la discipline régulière dura jusqu'en 1619, époque à laquelle le cardinal de la Rochefoucauld fut nommé abbé commendataire de ce chapitre. Le roi ne pouvait faire un choix plus capable de rendre à cette abbaye sa ferveur primitive.

C'était en 1621. Le cardinal se mit généreusement à l'œuvre. Il s'entoura d'un conseil formé de membres zélés, résolus à ne point lui ménager leur appui. Ce fut dans cette haute assemblée que l'on avisa aux moyens les plus aptes à procurer une réforme si utile, on fixa certains articles que l'on communiqua aux religieux; quelques-uns se soumirent volontiers, mais tous ne voulurent pas suivre un si bon mouvement. Ce fut alors que le cardinal usa de toute son autorité. Il fit venir douze religieux de l'abbaye de St-Vincent de Senlis, formés à l'école du Père Faure dont nous avons parlé plus haut. Jugeant que l'œuvre de St-Vincent-de-Senlis était suffisamment assise, le cardinal de la Rochefoucauld pensa que le seul moyen d'assurer le succès était de confier au Père Faure la nouvelle mission d'implanter la réforme au sein du chapitre de Ste-Geneviève. On le força donc à abandonner son ancienne communauté, pour prendre la direction de l'abbaye dont le cardinal avait la commende. A la tête de ses douze religieux, le Père Faure eut bientôt remis en vigueur toutes les saintes observances délaissées depuis bien longtemps.

L'abbaye de Ste-Geneviève ne fut pas seule à suivre cette heureuse impulsion; quinze autres monastères de chanoines réguliers se firent gloire d'embrasser la nouvelle réforme. Pour donner plus de solidité à cette œuvre, le roi se démit volontiers du droit de nomination, le cardinal de la Rochefoucauld de son côté, abandonna son titre d'abbé commendataire, de sorte que, dégagé des entraves de la commende, l'esprit de régularité trouva un obstacle de moins à son extension. Sur les instances qui lui furent faites, le pape Urbain VIII approuva la nouvelle congrégation par une bulle datée de 1634. Le roi l'avait déjà confirmée par des lettres patentes en 1626. On peut donc fixer l'origine de cette congrégation à l'année 1623. Un général fut élu pour trois ans, et la majorité des suffrages s'étant portée sur le Père Faure, le coopérateur du cardinal de la Rochefoucauld eut ainsi l'honneur d'être le premier à la tête des Génovéfains. Malgré les protestations de son humilité, le Père Faure se vit obligé d'accepter la haute dignité abbatiale ; l'œuvre était achevée, et la congrégation des chanoines réguliers de Ste-Geneviève se trouvait fondée sur des bases solides. Le Père Faure ne négligea rien pour affermir sa nouvelle réforme et pour lui donner autant d'extension que de profondeur.

Mais Dieu ne tarda pas à retirer son fidèle serviteur de ce monde, au moment où il mettait la dernière main aux constitutions de sa nouvelle congrégation (1).

---

(1) Ces constitutions ont été imprimées à Paris en 1638, sous le titre de: *Constitutiones canonicorum regularium congregationis Gallicanæ*.

Il mourut le 14 novembre 1644 dans sa cinquantième année. Le cardinal de La Rochefoucauld ne tarda pas à le suivre ; quelques mois après, en 1645, il rendait sa belle âme à Dieu, à l'âge de 87 ans.

Après la mort de ces deux hommes éminents, la congrégation des Génovéfains prit une telle extension qu'elle devint la plus nombreuse de toutes les congrégations de Chanoines réguliers établies en France. Le Père Hélyot (1) nous dit que de sontemps, au commencement du XVIII° siècle, les Génovéfains comptaient en France 67 abbayes, 28 prieurés conventuels, deux prévotés, trois hopitaux et dans les Pays-Bas, trois abbayes et trois prieurés, sans compter un très grand nombre de cures.

Les membres de cette congrégation vaquaient à l'office divin, administraient les paroisses et desservaient les hopitaux, se livraient à l'instruction des jeunes lévites dans les séminaires et à l'éducation de la jeunesse dans les écoles ; en un mot, ils rendaient les mêmes services à l'Eglise que le clergé séculier. L'abbé de Ste-Geneviève en était le supérieur général. Des hommes d'un talent remarquable ont illustré cette congrégation autant par leur science que par leurs vertus (2).

Voici comment l'auteur que nous venons de citer décrit le genre de vie de ces religieux : « Ces Chanoines réguliers disent matines le soir à huit heures, immédiatement après, l'examen de conscience et les litanies de la sainte Vierge, et se lèvent le matin à cinq heures. Ils jeunent tous les vendredis, pourvu qu'en ces jours-là il ne se rencontre point de fête solennelle ou qu'il n'y ait point de jeûne d'Eglise le jeudi ou le

---

(1) Hélyot, *Dict. des Ord. relig.* V. Génovéfains, col. 386.
(2) Hélyot, col. 386.

samedi. Ils jeûnent encore toutes les veilles des fêtes de la sainte Vierge et de celle de St-Augustin pendant l'Avent et les deux jours qui précèdent le carême universel » (1).

L'habit des Génovéfains, d'après le même auteur (2), consistait en une soutane de serge blanc avec un collet fort large et un rochet de toile.

Dans l'intérieur de la maison, ils avaient, l'été, un bonnet carré, et pendant l'hiver, un camail noir. Hors du monastère, ils portaient un manteau noir à la manière des ecclésiastiques séculiers. Leur habit de chœur consistait, l'été, dans un surplis et une aumusse noire sur le bras, et, pour l'hiver, dans un grand camail et une chape noire.

Les religieux de Saint-Jean-de-Côle ne voulurent pas rester hors du mouvement qui opérait dans les cloîtres une si heureuse transformation. Le manque de documents ne nous permet pas de préciser l'époque à laquelle la communauté de Saint-Jean commença à dévier de la voie droite de la discipline régulière. Les guerres fréquentes dont le Périgord fut le théâtre pendant les XVe et XVIe siècles, et d'ailleurs la funeste influence exercée par la commende, à laquelle le prieuré de St-Jean n'avait pu se soustraire, furent autant de causes qui durent introduire le relâchement dans cette communauté, comme dans presque toutes les autres.

Les religieux de St-Jean ne se dissimulèrent pas qu'il était urgent de revenir aux anciennes règles, si l'on ne voulait faire tomber dans un oubli complet l'esprit que Raynaud de Thiviers avait voulu implanter au sein de la communauté dont il était le fondateur. A ce moment, une réforme importante s'opérait

---

(1) Hélyot, *Dict. des Ord. relig.* V. Génovéfains, col. 387.
(2) Hoylot, id. col. 388.

également à côté d'eux : Chancelade voyait refleurir la discipline canoniale sous l'habile direction d'Alain de Solminiac, abbé de ce monastère et plus tard évêque de Cahors, qui avait entrepris pour cette congrégation ce que le Père Faure faisait avec tant de succès pour le chapitre de Ste-Geneviève à Paris.

Nous ne connaissons pas les motifs qui portèrent les religieux de St-Jean-de-Côle à se prononcer plutôt en faveur de la réforme du cardinal de La Rochefoucauld et du Père Faure que de celle de Chancelade. Quoi qu'il en soit, ils adoptèrent les constitutions des chanoines réguliers de la congrégation de France ou de Ste-Geneviève. D'après les auteurs de *la Gallia Christiana* (1), ce fut sous l'épiscopat de Guillaume Le Roux qu'eut lieu cette union du prieuré de St-Jean-de-Côle à la congrégation de France. Or Guillaume Le Roux fut porté sur le siège de Périgueux en 1666 et mourut le 6 août 1693. C'est dans cet intervalle que les chanoines réguliers de St-Jean embrassèrent la réforme et qu'ils prirent le nom de *Génovéfains*.

CATALOGUE DES PRIEURS DE SAINT-JEAN-DE-COLE

De 1660 à 1793

1632-1638, *Jean de Lamarthonie*, prieur commendataire.
1672. *Périer*, curé de St-Jean-de-Côle, prieur régulier.
1674. *Edéline*, prieur régulier et curé de ladite paroisse.
1676. *de Fombon* est qualifié de prêtre et chanoine régulier de St-Jean-de-Côle, c'est-à-dire de l'ordre des Génovéfains après la réforme (2).

---

(1) Prioratus S Johannis de Cola diœces.. Petroc., sedente Guillelmo le Roux, ep., fuit unitus Congregationi Gallicanœ (*Eccl. Petroc.* col. 1469).
(2) *Bull. Arch.*

1680. *Emacé* est qualifié de chanoine et curé.
1688. *Daguécat*, prieur et curé.
1689. *De Bragelongue*, prieur et curé.

De 1700 à 1793.

1704. *Clément*, prieur et curé de St-Jean-de-Côle.
1719. *Jean François de David*, d'après Nadaud (1).
1738. *François de David*, écuyer, prêtre du diocèse de Limoges, fut pourvu du prieuré de Saint-Jean-de-Côle, comme prieur commendataire.
1742. *Gaultier*, prieur régulier et curé.
1743. *Giboux*, prieur et curé.
1745. *Le Chantre*, chanoine régulier, prieur et curé.
1753. *Perdrigeon*, prieur et curé.
1760. *Charpentier*, prieur et curé.
1774. *Popart de Nargis*, chanoine régulier et curé de St-Jean-de-Côle (2).
1782. Messire *Jean-Baptiste Bourlier* est qualifié de chanoine et prieur commendataire du prieuré royal de St-Jean-de-Côle des chanoines réguliers de la Congrégation de France (3).
1783. *Boussy de Lavenaud*, prieur régulier et curé, mort le 11 décembre 1787 et enterré dans l'église de St-Jean-de-Côle. Voici l'acte de son décès, tel qu'on le trouve inscrit dans les registres paroissiaux:

« Le onze décembre mil sept cent-quatre-vingt-sept, a été inhumé dans l'église, M. Jacques-Thomas Boussy de Lavenaud, prieur des chanoines réguliers du prieuré de St-Jean-de-Côle et curé de la paroisse de

---
1 *Bull. Arch.*
2 Id.
3 Id.

St-Jacques, en la paroisse de St-Jean, décédé hier audit prieuré, âgé de trente-deux ans. Les témoins ont été :

MM. Pastoureau, curé de St-Romain ;
Lasescuras, curé de St Martin.

Lesquels ont signé avec nous :
Pastoureau, curé de St-Romain ;
Lasescuras, curé de St-Martin ;
Boisse, prieur, curé de St-Pierre-de-Côle.

1788. *Gouzon de la Prairie*, prieur et curé de St-Jean-de-Côle, jusqu'au 14 septembre 1792.

CHAPITRE V

DEPUIS LA RÉVOLUTION JUSQU'A NOS JOURS

Les religieux de Saint-Jean en 1789. — Le prieuré. — Les curés de la paroisse depuis le commencement de ce siècle.

Nous voici arrivés à cette époque fatale que Dieu a permise pour l'humiliation de la France. Quand la Providence veut punir un peuple, elle lui donne des chefs qui, par leur aveuglement, le mènent à l'abîme. Ni l'Église, ni le prieuré de St-Jean-de-Côle n'eussent pu trouver grâce devant la hache révolutionnaire qui avait déjà ruiné tant de chefs-d'œuvre, monuments vivants de l'ardente foi de nos pères.

Lorsque la Révolution éclata, il ne restait plus dans le prieuré que trois chanoines réguliers, Gouzon de la Prairie, prieur de la communauté et curé de la paroisse jusqu'au 14 septembre 1792, de Grateyrolles et Lavenaud, qui exerçaient simultanément les modestes fonctions de vicaires. Le dernier acte des registres de la fabrique paroissiale, daté du 14 septembre 1792, porte la signature de Gouzon de la Prairie, ce qui montre d'une manière évidente que le dernier prieur de St-Jean, ne quitta point le pays avant cette époque ; mais nous ignorons ce qu'il devint dans la suite. Le dernier acte signé de Grateyrolles est du 27 novembre 1790 ; mais à partir de cette époque, on ne trouve plus aucune trace de son nom. Du 20 février au 5 août 1792, Gouzon de la Prairie dut être le seul chanoine régulier qui fut encore à S. Jean, car nous le voyons remplacé dans son ministère curial par un certain Roby, vicaire de St-Germain, près d'Excideuil; ce dernier se vit probablement forcé de quitter sa paroisse par la violence de la Révolution et vint chercher un refuge à St-Jean-de-Côle.

Lavenaud, qui prend souvent le titre de Boussy de Lavenaud, ce qui porte à croire qu'il était frère du prieur du même nom, mort le 10 décembre 1787, fut nommé, lors du rétablissement du culte, curé de Varaignes. Pendant les dernières années du siècle dernier, il aurait occupé une place dans la préfecture de la Dordogne.

Lorsque, en vertu de la loi du 2 novembre 1789, tous les biens ecclésiastiques furent mis à la disposition de la nation, le prieuré de St-Jean ne tarda pas à tomber sous le coup de cette iniquité. Il fut vendu au nom de l'Etat, et passa en des mains étrangères. Dès lors le vieux moutier, livré à vil prix, cessa d'être l'asile de la prière, et, depuis le dernier adieu de ces hommes qu'il avait si longtemps abrités, ce vieil édifice ne semble soupirer qu'à perdre son nom dans les ruines. Aussi ne reste-t-il plus aujourd'hui qu'une partie de l'aile du nord, quelques arceaux du cloître et des pans de mur, dont chaque jour voit se détacher quelques débris.

A partir de 1790, il ne resta des trois religieux que la Révolution de 1789 y avait trouvés, que Gouzon de la Prairie, et encore le prieuré ayant été mis en vente par la loi qui extorquait les biens ecclésiastiques, le dernier prieur dut-il chercher un gîte ailleurs que dans l'ancien couvent.

Pendant que le prieuré était ainsi mis en vente, au nom de la nation, un des premiers soins des agents révolutionnaires, chargés de cette triste fonction fut de porter une main sacrilège sur tous les trésors de science que les Religieux avaient amassés pendant sept cents ans à la sueur de leur front et au prix des plus grands sacrifices. Les livres de la bibliothèque furent vendus à bas prix, et ceux qui ne trouvèrent pas d'acheteurs furent lacérés et employés aux plus vils usages ; la belle collection d'archives devint la proie des flammes, et ainsi furent perdus des titres que l'on achèterait aujourd'hui au poids de l'or. Mais la République était conséquente avec elle-même, selon l'expression aussi énergique que caractéristique du farouche bandit, président le tribunal révolutionnaire à la barre duquel était cité le docte Lavoisier, au nom de la Convention nationale : « Citoyens, la République n'a pas besoin de savants ! »

Lorsque de meilleurs jours viennent à luire sur le sol de la patrie, l'Eglise et le prieuré de St-Jean, restent ensevelis dans un morne silence. L'esprit religieux de la population semble suivre les religieux dans l'exil et nous donner ainsi la clef de cette indifférence qui règne dans la génération actuelle. Durant une période de 80 ans, ce lieu tombe dans l'oubli et ses anciens souvenirs semblent se perdre peu à peu dans la nuit des temps.

Mais Dieu ne voulait pas que les antiques traditions des chanoines réguliers de St-Jean fussent perdues sans retour ; il réservait dans ses secrets divers l'heure de la résurrection ; l'heure était proche où les deux anneaux du présent et du passé, un instant interrompus par l'intervalle d'un demi-siècle, allaient se joindre de nouveau. L'installation d'une nouvelle communauté de chanoines réguliers, due à la bienveillance de S. G. Monseigneur Dabert, évêque de Périgueux, et à la générosité d'une fervente chrétienne de Thiviers, devait faire bientôt revivre dans l'église de St-Jean-de-Côle les vieux souvenirs des siècles passés.

Nous ne terminerons pas ce chapitre sans ajouter au catalogue des prieurs que nous avons déjà donné, le nom des curés qui ont administré la paroisse de St-Jean-de-Côle, depuis le commencement du siècle jusqu'à l'installation des fils de Saint-Norbert, le 27 mai 1877.

1817. Dujaric.

1821. Laval, jusqu'au 30 novembre 1827, « jour où je « me suis transporté à Corgnac, sur l'ordre de Mgr « l'évêque de Périgueux, » lit-on sur le registre de cette année.

1828 (1er janvier). — 24 nov. 1833. Mathias Kernan, Irlandais.

1835 (1er janvier). Pierre Merlet, né le 15 janvier 1794 à Ste-Eulalie-d'Ans, près d'Hautefort, nommé curé de St-Jean-de-Côle le 1er janvier 1835, mort le 19 décembre 1866. Son corps repose dans le cimetière de la paroisse

1866. Larré, transféré à Pezuls en 1875.

1875. Taurand, transféré à Molières en 1877.

1877 (27 mai). Installation des Pères Prémontrés.

M. Cailhol, curé titulaire.

R. P. Paulin, pro-curé, prieur de la communauté.

P. Milon, chanoine régulier, vicaire.

1881 (avril). Le traitement du curé ayant été supprimé par la malveillance du sieur Négrier, maire républicain de St-Jean, qui avait refusé de signer le certificat de résidence de M. Cailhol, contrairement à toute justice, Mgr Dabert a cru devoir ôter le curé et a confié la desserte provisoire de la paroisse au R. P. Marie-Joseph Ibos, chanoine régulier, curé de Saint-Romain.

CHAPITRE VI

L'ÉGLISE DE SAINT-JEAN-DE-COLE

Description de l'église de Saint-Jean-de-Côle. — Style. — Coupole. — Absides. — Clocher. — Cloches. — Portes. — Fenêtres. — Le chœur. — Boiseries. — Stalles. — Peintures. — Vitraux. — Autres curiosités.

L'église de St-Jean-de-Côle est assurément un des plus beaux édifices du Périgord; aussi est-ce avec raison qu'on la voit classée au nombre des monuments historiques de cette province (1). Après tout ce qui a été écrit sur la matière par de savants archéologues, on peut dire que le sujet est épuisé; rien de mieux pour nous que de prendre pour guide l'autorité de ces hommes éminents et de citer le plus souvent leurs propres paroles.

Nous ne saurions trop regretter que l'inexorable faux du temps et plus encore peut-être l'ignorance et le mauvais goût de certains personnages soient venus diriger leurs coups contre cet édifice en lui faisant perdre cette splendeur première qui le plaçait au nombre des plus gracieux monuments byzantins de tout le midi de la France, monument que le voyageur, dit M. de Verneilh, ne doit point se passer de visiter.

(1) *Annuaire de la Dordogne* 1879, p. 144.

Nous n'avons pas à revenir sur la date de l'origine de l'église de St-Jean. Nous savons que Raynaud de Thiviers en fut le fondateur à la fin du XI° siècle.

Ce qui domine dans la construction de l'église de St-Jean-de-Côle, c'est l'élément byzantin, non plus dans sa pureté première comme à Saint-Front et à la Cité, mais avec une légère différence qui fait de ce monument, au dire du savant archéologue que nous venons de citer, un précieux intermédiaire entre les deux églises de Périgueux et leurs imitations du XII° siècle. Mais cet élément byzantin se conserve à St-Jean autrement pur qu'en d'autres endroits, notamment à Souliac et à Angoulême (1). On voit le style roman du Limousin se mêler à la pureté du byzantin, ce qui rend l'ornementation de cette église, telle que nous l'avons aujourd'hui, exclusivement romane, avec une tendance à l'ogive.

« C'est au dehors surtout, dit M. de Verneilh, qu'il faut étudier ce monument. A part la largeur extrême du vaisseau, ne dirait-on point le rond-point d'une église romane ordinaire ? On remarquera cependant que l'abside n'est pas ronde, mais plutôt carrée avec des angles arrondis. C'est assez disgracieux, bien que peu apparent au premier aspect. Les trois chapelles rayonnantes sont pareilles, si ce n'est que l'une d'elles du côté du cloître, n'a pas ses chapiteaux sculptés. Toutes sont pentagonales au dedans comme au dehors, avec des colonnes engagées à tous les angles saillants et des arcades feintes en ogive qui les unissent (2).

Ce sanctuaire, un des plus anciens et des plus beaux du Périgord, semble avoir conservé ce grandiose envers et contre tout ce que la génération actuelle a fait

(1) *Archit. Byzant.* p. 207.
(2) *Archit. byz.* p. 190.

pour la dégrader. A l'exception des bâtiments du prieuré, que les exigences de la vie religieuse ne pouvaient guère séparer de l'église, nous le voyons obstrué d'un côté par un groupe de maisons que la municipalité a eu la faiblesse de laisser construire au milieu de la place publique, en avant de la façade principale de l'église ; mais ce qui révolte, c'est la vue d'une halle aussi grossière que mal tenue, adossée à l'abside droite du monument, et cela, contrairement à toutes les règles de l'art, du bon goût et de la législation, dont les prescriptions exigent que les édifices destinés au culte soient entourés d'un chemin de ronde que nul n'a le droit de s'approprier ni de consacrer à des usages profanes (1). N'est-il pas honteux de voir s'élever à côté d'un si beau monument, une abjecte construction, servant aux usages les plus infects ? En parcourant les registres de la fabrique, on voit avec plaisir que les membres qui ont composé ce conseil à différentes époques, se sont élevés plusieurs fois contre un pareil outrage à la religion et aux beaux arts ; mais leur voix est demeurée sans écho, leurs efforts sont venus se briser contre le mauvais vouloir de certains personnages, qui ont préféré servir leurs rancunes et satisfaire leurs petites passions plutôt que de prêter leur concours au triomphe d'un vœu aussi honorable que légitime.

Ce qui frappe dans cette masse informe au premier aspect, ce sont les derniers vestiges de la vaste coupole qui couronne l'édifice. « Avec son rôle primitif la coupole a retenu ses proportions grandioses Elle dépasse même le diamètre adopté pour Saint-Front et s'égale aux dimensions qu'atteint l'église de la Cité. L'espacement de piliers y est justement de 13 mètres

(1) Conseil d'Etat, 20 décembre 1806.

au lieu de 13 m. 65 ; celui des murs de 18,85 au lieu de 19 ; et le diamètre de la calotte de 14 m. et plus, grâce à la galerie qui règne à sa base. Une seule coupole avait suffi, au moins provisoirement, pour le plan de l'abbaye de St-Jean. Mais par une inovation des plus originales, elle s'inscrit dans une abside semi-circulaire et s'agrandit de trois chapelles rayonnantes. La coupole de St-Jean était vraiment hardie et paraissait d'autant plus large qu'elle était moins élevée. De cette coupole il ne reste aujourd'hui qu'une faible portion contiguë au clocher avec une fenêtre carrée haute de 1 m. 60. Elle était toute en pierres de taille. Voilà sans doute pourquoi elle s'est abattue tout à coup. Il résulte des traditions que nous avons recueillies, qu'elle était conique à l'extérieur, ce qui n'a rien d'extraordinaire, et qu'elle avait conservé jusqu'au moment de sa chute, sa toiture primitive en dalles. Le grès dont est bâtie l'église de Saint-Jean devait durer plus longtemps que la pierre calcaire de St-Front. »

L'Eglise nous offre trois absides romanes. Celle du centre servant de chœur principal ; à droite, l'abside de S. Joseph à laquelle est adossée la halle publique et à gauche celle de la Ste Vierge, communiquant à l'ancien prieuré par une porte murée aujourd'hui. Les chapiteaux des absides droites et centrales sont dignes d'attention. Si nous en voyons un bon nombre admirablement bien conservés, nous en voyons beaucoup d'autres que le vandalisme humain n'a que trop dégradés. Ces chapiteaux, dit M. de Verneilh, sont conçus dans le plus vieux style roman, non dans celui du Périgord qui s'essayait à peine alors, mais dans celui plus formé et très reconnaissable du Limousin (1). Des dessins, des photographies permettraient

(1) *Arch. Byz.*, p. 196.

seuls de pouvoir étudier à loisir ces scènes souvent rudimentaires, incomplètes, et qui ont besoin de la comparaison avec des sculptures similaires pour révéler le secret de leur composition. On remarque Noé sous les pampres de sa vigne, couché fort à son aise. D'autres scènes ont tellement souffert des injures du temps et des hommes qu'il serait difficile aujourd'hui, pour ne pas dire impossible, d'en restituer complètement la forme originale et le primitif caractère. Le couronnement des murs, à l'extérieur du sanctuaire présente, comme la première abside, une rangée de corbeaux grimaçants, en forme de modillons carrés et saillants qui ont l'air de regarder avec malice les spectateurs. Chaque abside offre une trentaine de ces conceptions bizarres, six sur chacune des surfaces planes de forme pentagonale (1).

A côté de l'emplacement de la coupole s'élève aujourd'hui une sorte de tour carrée, de forme irrégulière servant de clocher. Il est à présumer que le clocher dut s'écrouler à une certaine époque et qu'il fut remplacé par le quadrilatère actuel. La calotte en tuiles dont nous le voyons recouvert nous porterait à croire que ce clocher ne fut établi qu'à titre provisoire. Quoi qu'il en soit, cette tour défigure autant le monument que la coupole l'embellissait. En revanche, si l'église de St-Jean ne porte son clocher qu'avec le plus grand dépit, elle peut être justement fière de sa sonnerie, une des plus majestueuses du Périgord. Quatre cloches se balancent dans les airs et font entendre aux jours de fêtes les sons les plus mélodieux. Deux de ces cloches datent du XVII° siècle. Les deux autres plus modernes et plus volumineuses que les deux précédentes ont été refondues à diverses époques, l'une en 1817 et l'autre en 1856 (2).

(1) *Cour d'honneur de Marie.* Janvier 1879, p. 601.
(2) V. Appendice V.

La porte principale de l'église donne du côté de l'Occident ; située sous le clocher actuel, elle cède le pas à la porte sise au flanc méridional. A quoi devons-nous attribuer cet effacement de la porte principale, sinon à cette masse de maisons qui s'élèvent à quelques pas et qui en obstruent les abords ? La seconde porte est située sous une fenêtre murée. Cette porte, dit M. de Verneilh, est en ogive, mais très ornée dans le style roman de Périgueux, à moulures géométriques, que nous avons plusieurs fois signalées dans des constructions du XIIe siècle (1). Une porte faisant communiquer la sacristie au jardin du prieuré est assez curieuse au point de vue des sculptures qui en font l'ornementation. Un des derniers propriétaires du couvent la fit barrer, il y a quelques années, par une grille en fer, on ne sait vraiment trop pour quel motif.

Chaque abside comportait primitivement trois fenêtres, ce qui donnait à l'édifice un aspect des plus gracieux. Aujourd'hui, la plupart de ces ouvertures sont murées en tout ou en partie, ce qui produit un effet des plus déplorables. Seule la fenêtre de la tribune actuelle est assez régulière.

Entrons maintenant dans l'intérieur. L'ornementation en est à peu près nulle, dit M de Verneilh. Il n'y a de chapiteaux et de colonnettes qu'aux trois fenêtres de la chapelle terminale. Partout, au sommet des piliers, à la naissance de la coupole, on ne voit que les tailleurs de St-Front, avec un profil plus moderne pourtant et en quart de rond » (2).

A peine a-t-on franchi le seuil de la porte méridionale que le regard se porte naturellement sur l'immense coupole. Mais au lieu du dôme élancé, si gracieux dans les monuments de ce genre, on aperçoit un énor-

---

(1) Op . cit. p. 208.
(2) *Arch. byz,* p. 198

me plancher dont la vue navre le cœur de l'artiste. En 1787, cette masse s'écroula tout à coup ! C'était un dimanche à la sortie des vêpres, les fidèles étaient déjà hors de l'enceinte de l'édifice, de sorte qu'il n'y eut aucun accident fâcheux à déplorer. Deux ans après éclatait la Révolution française, les mauvais jours qu'elle amena ne permirent pas de restaurer la coupole. Durant une période de plus de vingt ans, l'église de St-Jean demeure ainsi ouverte à tous les vents, sans autre mérite que celui d'imiter forcément le Panthéon de Rome. Durant les dix premières années du siècle, c'est en plein air que l'on célèbre les offices divins, et ce n'est qu'au commencement de l'année 1811 que la commune faisant quelques sacrifices, dote ce monument, à titre provisoire sans doute, de cette monstruosité architecturale qui nous fait presque regretter, dit M. de Verneilh, que l'église de St-Jean ne soit plus une ruine (1).

L'abside du milieu forme le grand chœur, un des plus beaux, sans contredit, de toutes les églises environnantes ; il serait plus gracieux encore, si la fenêtre du milieu n'eût été murée et remplacée par une grande toile peinte encadrée dans des boiseries.

Les boiseries, assez anciennes et assez bien faites, furent plus ou moins délabrées durant les vingt-trois années qui s'écoulèrent depuis la chute de la coupole jusqu'à son incomplète restauration. Le chœur restauré dans ces dernières années avec ses boiseries, mesure une longueur de dix mètres sur six de largeur ; il suffisait amplement aux chanoines du prieuré, qui n'ont jamais dû dépasser le nombre de vingt.

Les douze stalles que l'on y voit ne forment pas un des moindres ornements de ce sanctuaire ; elles datent du XVIII° siècle, elles sont larges et commodes. En 1875,

---

(1) Op. cit., p. 196

le conseil de fabrique eut la malheureuse idée de prendre une délibération en vertu de laquelle une partie de ces stalles devait disparaître pour être transportées dans l'abside de la Sainte-Vierge, mais ce projet bizarre ne fut heureusement pas exécuté, à raison de certaines circonstances qui survinrent dans la suite.

Les peintures du chœur sont encore assez remarquables, elles appartiennent à l'école Lesueur. Du côté de l'évangile, sur les stalles on voit un grand tableau représentant sainte Geneviève faisant paître son troupeau ; à côté d'elle cette devise : *Pascitur et pascit.*

En face, est un autre tableau représentant saint Augustin écrivant sa règle canoniale ; on y lit cette inscription : *Ante omnia, diligatur Deus, deinde proximus.* C'est ainsi que les deux patrons principaux des Génovéfains occupent une place d'honneur à côté du titulaire de l'église paroissiale, saint Jean Baptiste, dont on voit la représentation sur le maître-autel.

Du côté de l'épître, on voit encore deux autres peintures. La première représente le martyre de saint Sébastien ; la seconde, saint Léonard, un des saints dont le culte est le plus populaire dans le Limousin et le Haut-Périgord. Nous voyons une reine à genoux, offrant au saint personnage un petit enfant en reconnaissance de l'heureuse délivrance que lui a obtenue du ciel le serviteur de Dieu. Il est probable que ce tableau provient de l'ancienne chapelle de St-Léonard de Jouvent, chapelle qui n'existe plus aujourd'hui et dont nous avons déjà parlé.

Du côté de l'évangile, se trouvent également deux sujets. L'un représente le grand saint Antoine conférant des choses de Dieu avec saint Paul, premier ermite. Dans le fond, un corbeau, volant dans les airs, tient dans son bec un pain qu'il vient déposer aux pieds des deux illustres solitaires. L'autre représente une reine revêtue de l'habit religieux, au manteau fleurdelysé, un sceptre à la main. Nous pensons que l'artiste a voulu représenter sainte Radegonde et que ce tableau doit provenir de l'ancienne chapelle dédiée à cette sainte et construite sur les bords de la Côle, à quelques pas du château de Lamarthonie. L'autel, quoique bien restauré, n'offre rien de particulier.

Les deux absides latérales renferment, l'une la chapelle de la Sainte Vierge, et l'autre celle de saint Joseph. La première n'a rien de curieux. La seconde portait primitivement le nom de St-Front, d'après certains actes, ou celui de St-Jacques. Ce dernier vocable est d'autant mieux fondé qu'il est en pleine conformité avec les règles liturgiques, d'après lesquelles le titre d'une église doit survivre à sa destination. Il était donc bien juste d'élever, dans la nouvelle église paroissiale, un autel destiné à perpétuer le souvenir de l'ancien patron et du temple bâti autrefois en son honneur.

Cette abside a été restaurée, il n'y a pas longtemps, et dotée d'un riche autel en bois, grâce à la pieuse générosité d'une excellente dame de Paris, madame Bussière.

Les verrières de l'église sont rares et fort communes, à l'exception du vitrail de la tribune. Un médaillon représente l'image du saint Précurseur. Ce vitrail porte la date d'avril 1829, et le nom de son donateur, le R. P. Basile.

Entre le chœur et la chapelle de la Vierge, on voit incrustée dans le mur, l'image d'une vieille madone honorée sous le titre de Notre-Dame-du-Bon-Secours. On y lit cette inscription : *Sancta Maria, ora pro nobis*, avec la date de 1611. Dans la chapelle de St-Joseph existe un cénotaphe, sur lequel était gravée l'image d'un évêque. C'est le tombeau de Geoffroy de la Marthonie, mort évêque d'Amiens, en 1617. L'entrée de ce tombeau fut murée il y a quelques années pour mettre fin aux pratiques superstitieuses et inconvenantes dont ce monument funèbre était l'objet, même durant l'office divin, de la part des habitants du lieu et des populations voisines. Le grand bénitier en cuivre montrerait une certaine élégance, si on avait eu soin de ne pas le laisser détériorer. Il porte la date de 1738 (1).

Nous ne savons si l'église de St-Jean a jamais été consacrée. M. de Verneilh parle d'une dédicace qui aurait été faite au XII° siècle (2). Raynaud de Thiviers ou l'un de ses successeurs a dû certainement consacrer ce monument, l'un des plus anciens et des plus remarquables du Périgord. Quoi qu'il en soit, les documents nous font complètement défaut pour toucher cette question.

Il est regrettable que l'église de St-Jean soit aussi délaissé, quoique classée au nombre des monuments historiques. L'incurie des hommes ne vient que trop joindre ses efforts à l'intempérie des saisons. Au mois de décembre 1880, le conseil municipal de l'endroit décida qu'à l'avenir aucune réparation ne serait faite à l'église ou au presbytère pour ce motif que *l'évêque ayant la disposition de ces édifices, c'était à lui à faire les réparations convenables*. On ne sait ce qu'il faut le plus admirer dans une telle affirmation, ou de l'ignorance ou de la méchanceté. Espérons que des temps meilleurs ne tarderont pas à luire pour l'honneur de notre pays.

(1) C'est à tort que M. de Verneilh a lu 1734. (*Arch. Byz.*, p. 200).
(2) Op. cit. p. 200.

CHAPITRE VII

LE PRIEURÉ DE SAINT-JEAN-DE-COLE

Époque de la fondation du prieuré de St-Jean. — Le prieuré jusqu'en 1789. — Dépuis la Révolution jusqu'à nos jours. — Le cloître conventuel.

Il nous reste peu de choses à dire sur le prieuré de St-Jean-de-Côle, nous l'avons déjà suffisamment fait connaître ; il n'est pas inutile cependant de lui consacrer un chapitre spécial. Nous pourrons ainsi compléter les détails que nous aurions déjà pu donner.

La date de la fondation de ce prieuré est contemporaine de celle de l'église. C'est Raynaud de Thiviers, évêque de Périgueux qui, dans les dernières années du XIe siècle, au témoignage du P. Dupuy (1), établit un chapitre de seize chanoines réguliers de l'ordre de St Augustin pour desservir le sanctuaire dont ce pieux prélat venait de doter les bords de la Côle.

Cet édifice s'est tellement ressenti des conséquences des guerres dont le Périgord a été le théâtre durant une période de plus de quatre cents ans, que nous le voyons aujourd'hui presque totalement détruit à l'exception de la partie encore habitable dont l'origine est peu antérieure au commencement du

(1) L'état de l'église du Périgord, p. 21.

XVIII° siècle. Le prieuré de St-Jean formait primitivement un corps de bâtiment en forme de carré que soutenaient les arceaux du cloître au milieu duquel se trouvait le préau conventuel. Les deux ailes de l'ouest et du midi ont complètement disparu ; celle de l'est, est conservée, mais fort délabrée ; l'aile du nord, comprenant, au rez-de-chaussée, la cuisine, le réfectoire et la bibliothèque, a pu seule échapper aux coups de l'inexorable faux du temps. A l'étage supérieur se trouvaient les cellules des chanoines réguliers. Cet état des lieux a éprouvé tant de modifications de la part des divers propriétaires qui se sont succédé depuis la Révolution française, que l'on aurait peine à reconnaître aujourd'hui la forme exacte des lieux réguliers, telle que l'avait trouvée la tourmente révolutionnaire. Proscrit nationalement à l'époque de la spoliation des biens ecclésiastiques, ce couvent fut vendu à vil prix, comme toutes les propriétés de ce genre, mais la Révolution aurait-elle pu atteindre son but et satisfaire autrement sa haine anti-religieuse ?

Le cloître est la seule partie du couvent qui, au point de vue archéologique, mérite une attention minutieuse. « Le cloître, dit M. de Verneilh, n'est point contemporain de l'église. Il a été entièrement rebâti vers le commencement du VI° siècle. Mais il n'en mérite pas moins d'être sérieusement examiné(1). Les arceaux du nord et de l'est sont seuls debout, quoique murés pour la plupart.

La date de la construction du cloître est bien antérieure à celle des bâtiments conventuels qu'il supporte ou qui l'avoisinent ; le premier fut bâti à l'époque de la Renaissance, tandis que les premières

(1) *Arch. byz.*, p. 200.

années du XVIIIᵉ siècle sont la limite la plus éloignée que l'on puisse attribuer à la construction des seconds. Les autres pièces, mieux respectées par le temps, sont si peu de chose au point de vue artistique, que tous ceux qui ont écrit sur l'église et le château de St-Jean, ont à peine dit quelques mots sur son ancien prieuré, tant il est aujourd'hui délabré. Une nouvelle communauté voudrait-elle mener la vie religieuse dans ses murs, qu'elle ne le pourrait qu'à la faveur de grandes réparations bien au-dessus de la valeur réelle de l'immeuble actuel. Il fut question dans ces dernières années de vendre l'antique prieuré de St-Jean aux chanoines Prémontrés, mais diverses circonstances empêchèrent la réalisation de ce projet. Faut-il le regretter? On n'ose le dire, après l'exécution aussi brutale qu'injuste des décrets du 29 mars 1880. Tout porte à croire que l'inique persécution exercée lâchement contre des gens inoffensifs dont l'existence est toute consacrée au service de l'humanité ne finira pas de sitôt. Les corps religieux pourraient-ils être dès lors encouragés à s'implanter dans un pays ?

« L'ancienne paroisse de St-Jean-de-Côle, *parochia sancti Johannis de Cola*, dit M. de Laugardière, fut d'abord un prieuré hors châtellenie, dont la juridiction dépendit ensuite de Bruzac. Ce prieuré administré par les chanoines réguliers de St-Augustin, faisait partie de l'archiprêtré de Condat-Champagnac, et la justice du bourg seulement appartenait au prieur, d'après les mémoires du sire d'Albret de 1503 aux termes duquel il ne prenait sur les habitants que cinquante sols tournois de commande à cause de la prévôté (1). »

Le prieuré de St-Jean acquit une certaine importance en Périgord durant les trois premiers siècles

(1) *Bull. Arch.*

qui suivirent sa fondation. Aussi les savants auteurs de la *Gallia Christiana* lui donnent le titre de *Insigne prieuré de Chanoines réguliers du diocèse de Périgueux* (1). Le nombre de seize résidents, fixé à l'origine par Raynaud de Thiviers, ne dut pas tarder à être dépassé, puisque le pape Célestin III, par sa bulle de 1192, leur confie le service d'une foule d'églises environnantes. Les évêques de Périgueux ne firent que suivre l'exemple des souverains pontifes. Voici ce que nous trouvons au sujet de Pierre de Mimet, évêque de Périgueux en 1169, dans la *Gallia Christiana* : « A l'exemple de Jean d'Asside, son prédécesseur de pieuse mémoire, Pierre de Mimet confirma, de son autorité pontificale, Bernard, prieur de St-Jean-de-Côle, et ses frères, professant la vie religieuse dans la paisible possession de cette église et de ses dépendances » ainsi que nous l'avons vu précédemment au chapitre III de cet ouvrage.

L'essaim principal sorti du prieuré de St-Jean fut la fondation établie au centre même de la ville de Périgueux. « Ce couvent était le plus ancien de la cité, dit M. de Taillefer, après le monastère de St-Front. Selon le P. Dupuy et la tradition, il aurait été fondé par St Cybar, vers le V° siècle, et sans doute il avait été plusieurs fois détruit et reconstruit (2). » Les Chanoines réguliers de St-Jean occupèrent ce couvent jusqu'au milieu du XIII° siècle, époque à laquelle Pierre de St-Astier, évêque de Périgueux, vers 1234, les pria d'en faire cession aux Frères Prêcheurs. C'est ce que nous apprend encore la *Gallia Christiana* : « Déjà cet évêque avait conféré un grand'nombre de bénéfices aux Dominicains. Il les avait reçus dans sa

---

(1) Ecclesia hac insignis est prioratus canonicorum regularium diœcesis Petragoricensis (Eccl., Petroc., col. 1469).

(2) Antiquités de Vesone, t. 2, p. 592.

ville épiscopale, en leur faisant don de l'antique abbaye de St-Martin, qu'ils habitèrent après en avoir obtenu le consentement des chanoines réguliers de St-Martin et de St-Jean-de-Côle (1). » Ce fut en 1241 que Pierre de Saint-Astier établit les Frères Prêcheurs dans le couvent occupé jusque là par les chanoines réguliers de St-Jean-de-Côle, appelés à Périgueux du nom de chanoines réguliers de St-Martin. Ce prélat ne voulut pas néanmoins priver sa ville épiscopale des services que lui rendaient les religieux de St-Jean, il leur céda en échange la petite église de St-Martin(2). Les *Antiquités de Vésone* disent que le couvent de Saint-Martin, cédé par les religieux de Saint-Jean aux fils de St Dominique, fut ravagé en 1577 et puis reconstruit en entier. L'emplacement de ce couvent est occupé de nos jours par les religieuses de Ste-Ursule, qui suivent la règle de St-Augustin (3).

Un assez grand nombre de terres dépendaient autrefois du prieuré de St-Jean ; la preuve en est dans certains actes de vente ou de location dont nous avons l'original sous les yeux. Tout fut vendu par la Révolution à la fin du siècle dernier. Le prieuré n'a plus aujourd'hui pour toute dépendance qu'un jardin assez vaste, situé au nord du couvent, longé d'un côté par la rivière et de l'autre par une des cours du château de Lamarthonie.

(1) *Gall. Christ.*, col. 1175.
(2) Taillefer, Antiq. de Vesone, t. 2, p. 592, note. — Le couvent qu'occupèrent les chanoines réguliers de St-Jean, à Périgueux, portait le nom d'*abbaye de St-Martin*, selon l'expression de la *Gallia Christiana*, parce qu'elle était située dans la paroisse de St-Martin ; mais l'église de St-Martin ne fut desservie par eux qu'en 1241, époque à laquelle ils quittèrent l'abbaye de ce nom, à la demande de Pierre de St-Astier. C'est ainsi que l'assertion de M. Taillefer n'est point contraire à celle de la *Gallia Christiana*.
(3) Taillefer, l. c. et p. 588.

CHAPITRE VIII

LE CHATEAU DE SAINT-JEAN

Époque de sa fondation. — Aperçu historique.—La famille de Lamarthonie. — Le château passe aux mains de la famille de Bonneval, puis à celle de Beaumont. — Le château depuis la Révolution jusqu'à nos jours.

St-Jean-de-Côle possède encore un monument que le voyageur ne doit point omettre de visiter, c'est le château de Lamarthonie, situé à quelques pas de l'église et du prieuré, presque au niveau de la rivière ; ce château n'a pas l'avantage, comme tant d'autres monuments de ce genre, de couronner fièrement une hauteur en portant sa tête jusque dans la nue et en dominant majestueusement une vaste plaine. Bâti au milieu de la vallée arrosée par la Côle, ce cours d'eau devait primitivement en baigner les murailles. Quels motifs ont engagé les premiers fondateurs de ce manoir féodal à choisir une position si peu conforme à celle des châteaux voisins occupant tous un site des plus propices à la défense des alentours ? nous ne saurions l'expliquer autrement que par la commodité offerte par les eaux de la rivière non seulement pour les divers usages de la vie, mais encore pour l'alimentation constante des fossés qui en protégeaient les abords.

Quiconque a pu étudier le château de Saint-Jean se

convaincra facilement que ce que l'on en voit aujourd'hui n'a fait que remplacer un château plus ancien rasé par les guerres fréquentes dont le Périgord a été le théâtre, avant le XVe siècle. Le château primitif ne devait pas être fort éloigné du lit de la rivière. S'ils n'étaient contigus à ceux du prieuré, du moins les murs en étaient-ils à une faible distance ; ces deux édifices trouvaient ainsi dans leur proximité un puissant secours qui dut leur être de grande utilité au moment du danger. En face et du côté sud de l'église dont il est séparé par la place publique et le jardin de l'ancien prieuré, dit M. de Laugardière, s'élève le château de Lamarthonie, bâti en plaine, mais dont les approches devaient être défendues par des fossés alimentés par les eaux dérivées de la Côle qui en baigne et longe le parc. Ce château ou plutôt les deux châteaux contigus dateraient, d'après les archéologues, de diverses époques ; du XVe siècle pour les toits aigus, les pavillons à machicoulis et les tours en poivrières du premier, et du XVIIe au XVIIIe pour les deux pavillons carrés et le fronton central avec sa toiture en mansarde pour le second. Le premier seul est habité et le second ne nous paraît avoir été construit que pour servir de communs et de dépendances au premier. L'un et l'autre ont dû d'ailleurs succéder à de plus anciennes et de plus redoutables constructions définitivement ruinées, lorsque les Anglais furent chassés de St-Jean-de-Côle en 1405, par le sire d'Albret, ce qui nécessita celles du XVe siècle. Ces dernières eurent d'ailleurs grandement à souffrir des guerres de religion et des troubles de la Fronde, pendant lesquelles elles eurent à servir plus d'une fois au matériel de guerre, dont les débris sont ainsi inventoriés par procès-verbal du notaire Bourdelle, du 30 juin

CHATEAU DE LA MARTHONIE
A St JEAN-DE CÔLE

1773 ; *cinq fauconneaux de bronze, dont un cassé et quatorze vieux canons de fusil* (1).

Le château de St-Jean porte le nom de château de Lamarthonie, soit que la terre sur laquelle il s'élève portât déjà ce nom et l'eût ainsi communiqué à la famille qui l'habita, ce qui nous semble plus probable, soit que les Lamarthonie, tirant leur nom d'une autre origine, l'eussent donné au château par eux élevé sur les bords de la Côle (2).

Suivant plusieurs auteurs, l'origine de la famille de Lamarthonie ne remonterait pas au delà du XVe siècle. Voici ce que dit M. de Courcelles à ce sujet :

« Les Lamarthonie étaient seigneurs du Graignon, de Bruzat, de Lamarthonie, etc., en Périgord et en Saintonge. Le plus ancien de cette famille est Etienne de Lamarthonie, seigneur de Lamarthonie, conseiller au parlement de Bordeaux, qui vivait en 1465. Il eut pour femme Isabeau de Pompadour et pour fils Mondot de Lamarthonie, chevalier, seigneur de St-Jean-de-Côle, de Thiviers, de Condat, de Puiguilhem, et de Millhac, premier président du parlement de Bordeaux, puis premier président du parlement de Paris, en l'an 1514 (3). Cependant Lespine fait remonter l'origine des La Marthonie jusqu'au milieu du XIVe siècle, en 1352, et nous trouvons dans la collection Doat des actes portant la date 1256 où l'on voit figurer le nom de Lamarthonie (4) :

(1) *Bulletin arch.*

(2) Un acte relevé dans la collection Doat (*Bull. arch*), et que l'on trouvera plus loin, ferait provenir la famille de Lamarthonie de Millhac. On trouve en effet, dans cette paroisse, un hameau du nom de *Lamarthonie*.

(3) *Dictionnaire universel de la noblesse de France*, Paris, 1820, t. 2, p. 14. — Art. Lamarthonie.

(4) Lespine. Vol 60. — *Doat. Archives de Paris*. Vol. 241.

On peut donc faire remonter les commencements de cette famille jusqu'au temps des croisades.

Nous croyons utile de mettre sous les yeux du lecteur ce que M. de Laugardière a inséré dans le *Bulletin archéologique* du Périgord, au sujet de la famille de Lamarthonie qui a habité le château de St-Jean jusqu'au commencement du XVIII° siècle.

« Doat, dit cet éminent archéologue, mentionne, à la date des calendes de juin 1256, un acte de *vendition*, par Guillaume de *La Marthonye* à messire *Géraud de Maignac*, chevalier, de cent sols de rente sur le mas de Landhie, paroisse de Millac, berceau de la famille de Lamarthonie.

En 1273, et le samedi de quasimodo, autre vente de treize deniers de rente par Gérard de Lamarthonie, fils de *Raymond*.

En 1313, vente par *Jean de Lamarthonie* et *Ayne* Dolarde sa femme, de la paroisse de St-Jean-de-Côle, à Pierre Fonta, clerc.

Du jour de la lune après l'octave de la fête de la Pentecôte, 1316. *Die lunæ post Octavas festi Penthecostes Anno Domini*.....

Instrument par lequel *Guillaume de La Marthonye, Donzel, consent que Ictier de Maignac, chevalier, son pleige* (sa caution), *prenne par ses mains certaines ventes par lui vendues à Marcial et Guillaume Julliens frères, ses nepveux sur le mas de Brouillet, paroisse de St-Pardoux-la-Rivière*.

Du mercredi après la fête de la conversion de saint Paul, 1330, reconnaissance par *Pierre et autre Pierre de la Marthonye à Guillaume de Maignac, Donzel, de la dîme qu'ils prenaient en la chatellenie de Millac*.

En 1352, André de la Marthonye épousa Jacquette de Maumont (Lespine).

En 1393, Annet, leur fils, épousa Marie de Lavinieu

d'où Raymond, qui se remaria en 1431 avec Catherine de Fougerat.

Et aussi Helyas ou Hélie, d'après une enquête, mentionnée par Doat, à la date de 1445, en ces termes :

Enquête par autorité du vicomte de Limoges à la requête de Raymond de la Marthonie, dit le Verrier et d'Hélibeau de la Marthonye sur les cens, rentes et devoirs seigneuriaux que le sieur de la maison de Maignac, à laquelle a succédé le vicomte de Limoges, avait accoutumé prendre sur les maisons et repaires de la Marthonye et de Guedens, paroisse de Millac.

Du mariage de Raymond avec Catherine de Fougerat provinrent deux fils, Etienne de la Marthonie, qui, dit Lespine, « fut fait un des principaux membres du parlement de Guienne à sa fondation, et lorsque Charles VII chassa les Anglais du royaume, Jean, son frère, était évêque de Dax. Etienne se maria en 1481 avec Isabeau de Pompadour, sœur de l'évêque de Périgueux (1), et, par son mariage, il eut la clef de garde-note, qui était un emploi si honorable que cette clef figure dans les armes de Pompadour et de la Marthonie.

En 1498, ce même Etienne, seigneur de la Marthonie et en partie de St-Jean-de-Côle, *Nobilis et egregius vir Stephanus dominus de la Marthonie et in parte Sancti Johannis de Colá* passa une transaction, le 17 août 1498, avec Révérend Père en Dieu, Jean de Péruce (Perucia) abbé de Pérousse. De son mariage provinrent trois fils : 1° *Mondot*, qui suit ; 2° *Robert* qui devint maître d'hôtel du roi, lieutenant-général de ses armées et se

---

1 Geoffroy II de Pompadour, 1500. — Sa nomination devint litigieuse entre lui et Jean de Bourdeille, de Montagnier, qui avait été nommé par le chapitre. Ce dernier se désista généreusement (Audierne, *Le Périgord illustré*, p. 383.

maria avec l'héritière de Grignol ; et 3° Gaston, qui fut évêque de Dax.

Mondot de la Marthonie fut premier président au parlement de Bordeaux et garde des sceaux. Il se maria en 1501 avec Françoise de Vernon, de laquelle il eut Geoffroy et Gaston. Ce dernier devint évêque de Dax et fit bâtir le château de Puyguilhem, paroisse de Villars, l'église de cette paroisse, et celle de Champagnac, à la nef de chacune desquelles sont gravées les armes de la Marthonie, qui sont *de gueules aux lions grimpant d'or* (Lespine).

Geoffroy de la Marthonie devint en 1549 seigneur en partie de la chatellenie de Bruzac. Il épousa, en 1553, Marguerite de Mareuil, dont il eut quatre garçons et quatre filles : Gaston et Jacques, qui firent en 1611 le partage des terres de la Marthonie et de Puyguilhem ; Henry, qui fut évêque de Limoges, et Geoffroy, qui devint évêque d'Amiens. Les quatre filles furent mariées dans les maisons de Crevant, de Beynac, de Rouffignac et des Ageaux (Lespine).

En 1583, Gaston de la Marthonie devenu chevalier des ordres du roi, se maria avec Françoise de la Bastide, de laquelle il eut trois fils et une fille : Raymond, qui devint évêque de Limoges ; Gaston qui épousa l'héritière de Tranchillou. Il fut tué en duel et mourut sans postérité.

Jacques de la Marthonie, l'aîné, commandant le régiment du Maine, fut atteint de plusieurs blessures au siège de Montauban et fut porté en son château de la Marthonie, où il mourut. Il avait épousé, en 1607, Isabeau de Montagnier, qui lui donna cinq garçons et trois filles, lesquelles entrèrent dans les familles de Plasseaux et de La Borie-Saulnier. Des cinq garçons, Jean fut prieur de St-Jean-de-Côle ; Pierre et Henry, commandant les régiments de Pons et de Normandie, furent tués les armes à la main, et Gaston de la Marthonie, l'aîné, qui épousa, en 1637, Julie de Maulévrier, de laquelle il eut Jean Gaston qui suit ; autres Jean et Henri qui devinrent capitaines dans les régiments de Montpéroux et de Picardie ; et Anne qui, par son mariage avec Marie de Laval, forma la branche de la Marthonie de La Salle et de Saint-Clément.

« Jean Gaston de la Marthonie, seigneur dudit lieu, figure dans la liste des hommages dus et rendus au XVII° siècle à Monseigneur l'évêque de Périgueux, pour la terre et seigneurie de St-Jean-de-Côle et la Marthonie, avec tous les droits de justice, rentes, domaines et autres droits en dépendant. Nous le retrouvons aussi en 1556, dans le catalogue des nobles du Périgord, qui lui donne pour armes : *Un lion d'or armé, langué et lampassé en champ de gueules*. De son mariage, célébré le 14 février 1667, avec Marie Chapelle de Jumilhac, il eut un fils mort à sept ans, et une fille, mariée en 1693, avec Guy de Beynac, d'où provinrent trois garçons et une fille, qui épousa le comte de Bonneval.

Là s'arrêtent les notes de Doat et de Lespine (1). Nous allons les compléter par certains renseignements que M. le baron Félix de Verneilh a bien voulu nous communiquer. Nous ajouterons ce que nous avons trouvé nous-même dans les anciens registres de la paroisse, et dans des actes particuliers.

Nous avons deux actes, l'un de 1443, l'autre de 1451, signés de Raymond de la Marthonie, garde-note ou notaire, à cette époque, à St-Jean-de-Côle.

« Noble Frontin Flammench, seigneur de Bruzat, donne audit monastère (de St-Pardoux) un sestier de froment, mesure de Nontron. Et la présente transac-

(1) Bulletin arch.

tion et cession est du XI septembre 1443. Signé : Raymond de la Marthonie. »

« Le 16 avril 1451, ledit Martial de St-Pardoux-la-Rivière, déclare que les dits dix sols et sextier de froment, mesure de Nontron, sont en déduction de plus grande somme et rente qu'il doit au dit sieur Fronton Flammench, le dit acte reçu par Raymond de la Marthonie, notaire de St-Jean-de-Côle. »

« 1472. Eschange entre noble Estienne de la Marthonie et le prieur scindic dudit monastère (de St-Pardoux), par lequel le dit scindic cède au dit seigneur de la Marthonie six sols six deniers qui lui étaient dus sur le tènement de la Rongerie. Du 6 août 1472. Signé : Ludovicus Piron, notaire. »

« 1495. Noble seigneur Estienne de la Marthonie, rend à frère Martial de Sarrazat, prieur dudit monastère (de St-Pardoux) soixante sols, quatre charges de bled et quatre gélines de cens et rente sur le magnement du Breuil, le tout paroisse de Millac avec toutes fondalité : du 4 décembre 1495 ; Signé : P. Charpaterie. »

1602. Nous voyons figurer comme parrain de Marguerite Mouran, noble Edmond de la Marthonie, seigneur de St-Johan.

1603. A esté marine de François Martin, dame Françoise de la Bastide, dame de la Marthonie.

1606. Le 12 may, baptême de Françoise de la Marthonie, fille de Jacques de la Marthonie, et d'Isabau de Montagrier, dame de Bruzat.

1612. A esté parin, Amelin, sieur de Roche Morin, et marine, Izabau de Montagrier, dame de la Marthonie.

1613. A esté parin Gaston de la Marthonie.

1616. On voit figurer la signature de Gaston de la Marthonie, seigneur de Bruzat.

1621. A esté parin messire Reymond de la Marthonie et de Limoges, conseiller du Roi.

1636. A esté parin noble Jean de Lamarthonie, escuier, prieur, commendataire du dict St-Johan.

1638. On lit sur une des petites cloches l'inscription suivante : *Sancta Maria, ora pro nobis. Est mon parin Jehan de la Marthonie, prieur, et marine, Tulie Guitton, dit Maulévrier.* 1638.

1641. Signature de messire Charles de Lamarthonie, seigneur de Puiguilhem.

1642. Celle de dame Julie Guitton, dame de Bruzat et de Lamarthonie.

1647. A esté parin, Johan de Lamarthonie, baron de Bruzat, fils de messire Gaston de Lamarthonie, chevalier, seigneur du présent bourg, Bruzat, Puymée, Puyberol, La Guignon en Xaintonge et autres places.

1657. Le onzième jour du moy de novembre 1657, Gabrielle de Lamarthonie, damoiselle, fille de Gaston de Lamarthonie et de Julie Guitton, fut enterrée à St-Johan-de-Colle, dans la grande église et dans leur chapelle, proche du tombeau d'Isabeau de Montagrier.

1662. A esté parin, Johan de Lamarthonie, seigneur, marquis de Bruzat. Signé : Bruzat de Lamarthonie.

1663. Le 22 febvrier 1663, Gande de Lamarthonie, damoiselle de Razat, a été enterrée dans l'église de Thiviers.

1667. Le 10 décembre 1778, a reçu les cérémonies de l'Eglise, Julienne de Lamarthonie, damoiselle, âgée de 10 ans (c'était le sacrement de confirmation), fille au seigneur Raymond de Lamarthonie, et à Jeanne de Gempo, dame de Haleys ; a esté parin Gaston de Lamarthonie et marine Julie Guitton, dame de Mallevrier et du seigneur Lamarthonie.

1668. Signatures de l'acte de baptême de Henri de

Lamarthonie : M. de Guy, marène, Henri de Comenge, parin ; Bruzat de Lamarthonie ; M. de Jumilhat ; Henri et Gaston de Lamarthonie.

1673. Dispense de publications de bans, obtenues de l'évêque de Limoges, par Jacques de Romanet, sieur de St-Priest, diocèse de Limoges, se mariant avec Henriette de Lamarthonie.

1676. Inscription de la petite cloche de l'église du chapitre ainsi conçue : † *Sancte Joseph, ora pro nobis* IAY pour parrain Jean de Lamarthonie et marraine Ursule de Lamarthonie, 1676.

1680, 19 août. M. Gaston de Lamarthonie, seigneur de ce lieu, a été enterré dans la chapelle des SS. Cosme et Damien de l'église de ce prieuré (1).

1680. Signatures de Marie de Jumillac, dame de Lamarthonie, et d'Anne de Lamarthonie, demoiselle de Neuvilles.

1684. Mariage d'Anne de Lamarthonie, demoiselle de Neuville avec François de la Gust, seigneur de Cailhieaux, paroisse d'Agonat.

1691. Décembre. Mariage de Marie de Lamarthonie, avec Messire Guy de Beynac, premier baron de Périgord.

Ce qui a surtout illustré la famille de Lamarthonie, c'est d'avoir donné un premier président des parlements de Bordeaux et de Paris. Mais les historiens ne s'accordent pas sur le véritable nom de ce personnage. D'après M. de Verneilh (2), ce serait Jean de Lamarthonie. D'après Lespine, cité plus haut, ce serait Es-

---

(1) C'est la chapelle dite aujourd'hui de St-Joseph, dans laquelle se trouvait le caveau de la famille de Lamarthonie. La dépouille mortelle de plusieurs membres de cette famille y fut déposée, et entre autres, celle de Geoffroy de Lamarthonie, évêque d'Amiens, en 1617.

(2) *Arch. hys.*, p. 200.

tienne et non Jean de Lamarthonie, son frère, qui fut évêque de Dax (1). M. de Laugardière, au contraire, lui donne le nom de Mondot de Lamarthonie (2). D'après M. de Courcelles (3), Etienne de Lamarthonie, qui vivait en 1465, et qui épousa Isabeau de Pompadour, était conseiller au parlement à Bordeaux, tandis que son fils, Mondot de Lamarthonie, devint président au parlement de Bordeaux, puis de Paris en 1514. Lespine dit même qu'il fut aussi *garde des sceaux* (4).

C'est à cette famille que l'on doit encore la fondation du château de Puyguilhem, près de Villars, château qui se rendit célèbre en Périgord par la noble résistance qu'il montra dans les guerres du XVI° et du XVII° siècle, et notamment durant les troubles de la Fronde. Nous trouvons encore une divergence touchant le véritable descendant des Lamarthonie, qui s'est plu à bâtir le château le plus artistique du Périgord, au dire de M. de Verneilh(5). Cet éminent archéologue pense que le fondateur de ce château fut Jean de Lamarthonie, premier président des parlements de Bordeaux et de Paris, sous François Ier (6). D'après M. de Laugardière, ce château appartint successivement à noble Jean Flameng, qui en rendit hommage le 14 mars 1464, à l'évêque d'Angoulême; puis à Mondot de Lamarthonie, qui le fit restaurer en 1520 et qui en rendit également hommage, le 21 mars 1514, à l'évêque d'Angoulême (7). Mais les réparations opérées par Mondot de Lamarthonie au vieux manoir des Puyguilhem durent être d'une telle importance, que l'au-

---

(1) M. de Laug., *Bull. Arch.*
(2) *Notes sur le Nontronnais*, p. 70 et *Bull. Arch.*
(3) *Dictionnaire de la Noblesse*, t. 2, p. 14.
(4) *Bull. Arch.*
(5) *Arch. Byz.*, p. 200.
(6) Id.
(7) *Notes sur le Nontronnais*, p. 17.

teur des *Notes sur le Nontronnais* ne craint pas de lui en attribuer la fondation entière. « Ce château, dit-il, fut bâti par M. Mondot de Lamarthonie, premier président du parlement de Bordeaux, sous le règne de Louis XII et de François Ier ; il fut terminé en 1524, d'après une inscription gravée sur la petite tour hexagone. Nous ajoutons que ce château fut construit sur l'emplacement d'une ancienne maison forte, dépendant alors de la châtellenie de Condat, d'après des actes d'hommage des 14 mars 1464 et 21 mars 1514 (1). » Dans le *Bulletin archéologique*, M. de Laugardière émet cependant une opinion contraire ; la voici en propres termes : « Mondot de Lamarthonie, dit-il, fut premier président au parlement de Bordeaux et garde des sceaux. Il se maria en 1501, avec Françoise de Vernon, de laquelle il eut Geoffroy et Gaston. Ce dernier devint évêque de Dax et il fit bâtir le château de Puyguilhem, paroisse de Villars, l'église de cette paroisse et celle de Champagnac, à la nef de chacune desquelles sont gravées les armes de Lamarthonie, qui sont *de gueules aux lions grimpant d'or* (Lespine). C'est donc à tort qu'on a attribué jusqu'à ce jour au président de Lamarthonie la construction du château de Puyguilhem, qui doit être attribuée à son fils et peut être sûrement fixée à la moitié du XVIe siècle (2).

Voici comment M. le baron de Verneilh résume les débats dans l'*Echo de la Dordogne* (14 février 1881) :

« C'est bien le premier président Mondot de La Marthonie qui a commencé le château de Puyguilhem ; mais comme il mourut, autant qu'il m'en souvient, en 1517, il ne put pas voir l'achèvement de la tour octogone, que je crois antérieure au reste des constructions, d'après ses caractères architectoniques, puisque

---

(1) *Notes sur le Nontronnais*, p. 70.
(2) *Bulletin arch.*

cette tour porte à son couronnement la date de 1524. Le point essentiel que j'ai tenu à établir dans un de mes articles, c'est que Puyguilhem est un chef-d'œuvre de la bonne Renaissance, de celle de François I⁰ʳ et n'est pas une construction de la seconde moitié du XVIᵉ siècle. Et en outre, si le château fut continué par l'évêque de Dax ou pour mieux dire par les évêques de Dax, puisqu'il y en a deux du nom de La Marthonie qui se succèdent, il est hors de doute qu'il fut commencé par le premier président, auquel il appartenait lors du commencement des premiers travaux, les étages inférieurs de cette tour octogone appliquée à la grosse tour ronde étant évidemment, pour tout homme accoutumé à reconnaître les styles d'architecture, contemporains de Louis XII. »

La famille de Lamarthonie s'est encore rendue célèbre par le grand nombre d'évêques ou autres prélats qu'elle a fournis à l'Eglise de France, bien que l'on ne convienne pas exactement de ce nombre. Cette maison, dit M. A. Courcelle a donné deux évêques en 1516 et en 1519 (1), mais il ne cite ni le nom propre de ces évêques ni celui de leurs sièges. M de Verneilh (2) et son frère (3) portent à onze le nombre de ces prélats. Lespine (4) nous donne le nom des six évêques. Les auteurs de la *Gallia Christiana* font mention de deux évêques de Dax, de deux évêques de Limoges, d'un évêque d'Amiens et d'un évêque de Poitiers.

I. Jean IV de Lamarthonie était fils d'Etienne, membre du parlement de Bordeaux et d'Isabeau, de Pompadour. Il eut pour frère Mondot de La Marthonie, qui fut aussi membre du parlement de Bordeaux et de la Cour royale de Paris. C'est à ce dernier que François Iᵉʳ confia l'administration du royaume de

---

(1) *Dict. de la Noblesse*, art. Lamarthonie, t. 2, p. 14.
(2) *Arch., Byz.*, p. 200.
(3) *Excursion arch. en Nontronnais*, p. 10.
(4) De Laugardière, *Bullet. arch.*

concert avec sa mère Louise de Savoie, durant la campagne d'Italie contre les Suisses (1). Licencié en lois, protonotaire apostolique, trésorier de St-André de Bordeaux, 15ᵉ abbé commendataire de l'abbaye de Ste-Marie-de-Guistres, de 1507 à 1516 (2), Jean de Lamarthonie fut nommé à l'évêché de Dax en 1514 ou plus probablement en 1517. Un écrivain du temps, Madronet, fait un grand éloge de ce prélat dans un ouvrage dédié à son frère Gaston. Il mourut en 1519, après avoir obtenu du roi l'insigne faveur de prendre son frère Gaston pour coadjuteur et successeur. Il composa de sages règlements pour l'observation des lois ecclésiastiques dans son diocèse (3).

II. Gaston de Lamarthonie, 49ᵉ évêque de Dax, succéda à son frère Jean de Lamarthonie, dont il avait été le coadjuteur. Il cultiva de bonne heure les arts libéraux. Il interpréta le droit dans l'Académie de Poitiers avec le même succès qu'à Toulouse et à Cahors avant de s'adonner à l'étude de la théologie. Son profond savoir le fit choisir par François Iᵉʳ pour occuper un siège au parlement de Bordeaux. Nommé évêque de Dax en 1519, il gouverna ce diocèse jusqu'au commencement d'octobre 1555, époque de sa mort. Il fut longtemps absent de son église vers le temps où François Iᵉʳ ordonna au vice-roi d'Aquitaine de fortifier la ville de Dax. Pour prévenir la ruine complète de l'habitation des chanoines, le roi autorisa ce chapitre à requérir 1200 livres de la part du trésorier de Bordeaux. Ces deux évêques de Lamarthonie, eurent encore deux frères : Robert, économe de la maison du roi et ambassadeur de François Iᵉʳ auprès du duc

---

(1) *Gall. chr. Eccl. Aquensis*, col. 1056.
(2) *Gall. chr. Eccl. Burdigal.*, col. 878.
(3) *Gall. chr. Eccl. Aquensis*, col. 1056.

de Gueldres et le second dont nous ignorons le nom qui fut archidiacre de Bordeaux. Le successeur de Gaston de Lamarthonie fut François de Noailles, de l'illustre maison de ce nom (1). En 1531 nous voyons le nom de Gaston de Lamarthonie parmi les abbés commendataires de Ste-Marie-de-Guistres (2) de l'abbaye de Modion, près de Libourne, en même temps que ce prélat était prieur commendataire de St-Jean-de-Côle, au diocèse de Périgueux (3) suivant M. de Laugardière (4). Gaston de Lamarthonie était fils d'Etienne, membre du parlement de Bordeaux et il aurait occupé le siège de Dax, vers 1520.

III. Gaston de Lamarthonie. Suivant Lespine, il était fils de Mondot de Lamarthonie, premier président du parlement de Bordeaux et garde des sceaux. Il fut évêque de Dax, vers 1550. C'est à lui que Lespine attribue la fondation du château de Puyguilhem (5). La *Gallia Christiana* ne fait point mention de ce prélat; tout porte à croire qu'il n'est point distinct du précédent.

IV. Geoffroy de Lamarthonie, évêque d'Amiens, frère d'Henri, évêque de Limoges, était le quatrième fils de Geoffroy de Lamarthonie et de Marguerite de Mareuil, d'après Lespine (6). Il fut nommé à l'évêché d'Amiens vers 1600. Comme il se trouvait de passage dans sa famille à St-Jean-de-Côle, il consacra l'église des Récollets de Thiviers, en 1601, pendant que Jean

---

(1) *Gallia. chr. Eccl. Aquensis*, col, 1057.
(2) *Gallia. chr. Eccl. Burdig*, col. 878.
(3) *Gall. christ.*, col. 878.
(4) *Bulletin archéol.*
(5) *Bulletin archéol.*
(6) *Bull. arch.*—Mais d'après *la Gallia Christiana*, la mère de Geoffroy, évêque d'Amiens, fut Isabeau de Pompadour (*Eccl. Lemov.* col. 541).

Martin était assis sur le siège épiscopal de Périgueux. Geoffroy de Lamarthonie mourut vers 1617 et fut enseveli dans le tombeau de sa famille à St-Jean-de-Côle.

V. Henri de Lamarthonie, évêque de Limoges. Il était né dans le diocèse de Périgueux. Frère de Geoffroy, évêque d'Amiens, il avait pour aïeul Mondot, premier président du parlement de Bordeaux, puis de Paris. Jean et Gaston, évêques de Dax furent ses grands oncles. Il était fils de Geoffroy de Lamarthonie et d'Isabeau de Pompadour(1). Précédemment abbé de St.-Just, au diocèse de Beauvais, il reçut la consécration épiscopale en 1587, mourut le 7 octobre 1618 et fut enseveli dans son église cathédrale. Ce fut sous son épiscopat, que les Mineurs Récollets vinrent s'établir à Ussel, le 7 octobre 1604 et qu'un couvent de Bénédictines de Poitiers fut fondé au Dorat le 27 juin 1624. Henri de Lamarthonie fut le 86° évêque de Limoges (2).

VI Raymond de Lamarthonie, neveu d'Henri, évêque de Limoges, était chanoine d'Amiens et prieur des chanoines réguliers à St-Jean-de-Côle (3). Avant son élévation à l'épiscopat, il fit partie de l'assemblée du clergé de France, tenue à Paris en 1614. Il fut nommé coadjuteur de son oncle, avec le titre d'évêque de Chalcédoine, et à sa mort, il fut appelé à lui succéder. Il publia en 1620 des statuts synodaux et mourut en 1627. Il eut pour successeur François de la Fayette (4).

(1) D'après *Lespine*, sa mère fut Marguerite de Marouil, que Geoffroy avait épousée en 1553 (*Bullet. arch.*).
(2) *Gall. christ. Eccl Lemov.*, col. 541.
(3) Il était fils de Gaston de Lamarthonie et de Françoise de la Bastide, suivant Lespine. (*Bull. arch.*)
(4) *Gall. Christ. eccl. Lemov.* col. 541.

VII. Jean-Louis de Lamarthonie-Caussade, d'abord abbé commendataire du monastère de Lézat (1), diocèse de Rieux, près de Toulouse, fut élevé à l'évêché de Poitiers, le 18 mars 1749. Nommé premier aumônier de la princesse Adélaïde de France, le 28 janvier 1759, il prêta serment entre les mains du roi le 4 février suivant. Transféré du siège de Poitiers à celui de Meaux, cette même année, il mourut le 16 février 1779, à l'âge de 67 ans (2).

Dans le catalogue des abbés de Boschaud, donnés par la *Gallia Christiana*, nous trouvons les deux membres suivants de la maison de Lamarthonie en qualité d'abbés commendataires (3):

1° Armand de Lamarthonie, 1624 et 1627.

2° Charles de Lamarthonie, seigneur de Puyguilhem, 1633 et 1642.

Dans celui de l'abbaye de Madin, ordre de St-Benoît, au diocèse de Saintes : (4).

1° Ithère de Lamarthonie en 1515.

2° Etienne de Lamarthonie, XI juillet 1526.

Lespine (5) donne le nom d'un prieur des chanoines réguliers de St-Jean-de-Côle, Jean de Lamarthonie, fils de Jacques de Lamarthonie et d'Isabeau de Montagrier, vers 1636. — Dans les actes de paroisse de cette époque, nous trouvons son nom avec la qualification de *prieur commendataire*.

A la fin du XVII° siècle, le château de Lamarthonie passa aux mains de la maison de Beynac par l'alliance de Marie de Lamarthonie avec Guy, marquis de Bey-

---

(1) *Gall. Chr. eccl. Rivensis*, col. 214.
(2) *Gall. Chr. eccl. Pictav.* col. 1436.
(3) *Gallia Chr. eccl. Petroc.* col. 1506.
(4) *Gallia Chr. eccl. Santon*, col. 1127.
(5) *Bull. arch.*

nac. La cérémonie nuptiale fut célébrée dans l'église de St-Jean-de-Côle, au mois de décembre 1691.

Guy de Beynac et Marie de Lamarthonie eurent plusieurs enfants, entre autres : Pierre, marquis de Beynac, qui eut deux filles, Marie de Beynac et Marie Claude de Beynac (1).

La maison de Beynac était une des plus anciennes et des plus considérables du Périgord, elle existait dès 1189, et le chef de cette famille était un des quatre premiers barons du Périgord (2).

Marie de Beynac, fille aînée de Pierre, marquis de Beynac, épousa César Phœbus François, comte de Bonneval, et lui porta en dot, le 4 septembre 1724, la terre et la seigneurie de Lamarthonie et de St-Jean-de-Côle(3). Plusieurs maisons ont porté le nom de Bonneval ; celle qui eut en partage le château de Lamarthonie était originaire du Limousin et avait son siège principal dans la paroisse de Coursac (aujourd'hui Coussac de Bonneval), près de St Yrieix. Ce fut un membre de cette famille, le comte Claude-Alexandre de Bonneval, qui rendit cette maison tristement célèbre par son apostasie publique, en quittant la religion chrétienne pour embrasser la secte de Mahomet. Infidèle à Dieu, il ne le fut pas moins à l'égard de sa patrie, en combattant contre elle à Turin, en Provence et en Dauphiné, lorsqu'il était au service de l'Autriche. Ce triste personnage, né en 1675, mourut en 1747 à l'âge de 72 ans, haï et méprisé, dit un biographe(4),malgré ses dignités, des partisans de la secte qu'il avait embrassée.

---

(1) *Histoire généalogique de la maison de Beaumont*, par Gabriel Brizart, 2 vol. in-f° Paris, 1779. — T. 1, p. 63.

(2) Les quatre premiers barons du Périgord étaient les barons de Bourdeille, Biron, Beynac et Mareuil.

(3) *Bulletin arch.*

(4) Feller, V. *Bonneval*.

Au XVI° siècle, cette maison avait donné un évêque au diocèse de Sarlat et un autre à celui de Périgueux. Voici les détails que nous relevons sur ces deux prélats dans la *Gallia Christiana*.

Charles de Bonneval (1), second fils d'Antoine, seigneur de Bonneval, eut pour frère aîné Germain, vice-roi de Limoges. De ces deux plus jeunes frères, l'un fut lieutenant du comte de Tende, gouverneur et sénéchal de Provence, lorsque Charles-Quint vint faire le siège de Marseille, et l'autre monta sur le siège épiscopal de Périgueux. Après l'abdication d'Armand, évêque de Sarlat, Léon X le préconisa évêque de cette ville, dans le consistoire du 9 septembre 1519. Il prit possession de son église le 6 novembre suivant.

Charles de Bonneval mourut en novembre 1527.

Foucauld ou Foulques de Bonneval, protonotaire apostolique était frère de Charles de Bonneval, évêque de Sarlat. D'abord prieur de Leviac, puis successivement évêque de Soissons, de Bazas, il fut transféré au siège de Périgueux en 1531, en remplacement de Jean de Plas, qui échangea ce dernier siège avec celui de Bazas. Foucauld de Bonneval entra dans sa ville épiscopale au milieu de la splendeur usitée en pareille circonstance Il mourut en 1540 (2).

César Phœbus François, comte de Bonneval, marquis de Lamarthonie, seigneur de Sainte-Armenaye, Blanchefort et Panthénie, naquit à Paris, le 25 novembre 1703. Lieutenant à l'âge de 15 ans, dans le régiment de Cavalerie-Toulouse, par brevet du 16 janvier 1719, il fut nommé capitaine dans le même régiment par commission du 7 avril suivant, mestro-de-camp du régiment de Poitou par une autre commission du

---

(1) *Eccl. Sarlat*, col. 1523.
(2) *Eccl. Petroc.* col. 1483.

19 février 1723, colonel de ce régiment en 1735, brigadier des armées du roi en 1749; il mourut au château de Lamarthonie, à St-Jean-de-Côle, en Périgord, le 1er février 1765. Il avait épousé, le 4 septembre 1724, Marie de Beynac, petite fille de Guy de Beynac, marquis dudit lieu, premier baron du Périgord, seigneur de Commarque, Montgaillard, et de défunte Marie de La Marthonie, dame dudit lieu, Bruzac et Puybellard (1).

L'inventaire des titres de la sénéchaussée de Périgueux, par M. Villepelet, nous apprend qu'en 1726 et 1727 des plaintes furent adressées au sénéchal par:

« Très haut et très puissant seigneur Cæsar Phœbus François, comte de Bonneval, marquis de Lamarthonie, mestre de camp du régiment de Poitou, habitant au château de Lamarthonie, contre les religieux de St-Jean-de-Côle, qui ont biffé ses noms et qualités de seigneur de la paroisse, sur une cloche neuve, dont il a fourni le métal et dont il est le parrain ; qui ont sonné le tocsin à plusieurs reprises pour exciter une sédition populaire et ont poussé le peuple à mettre le feu au château. »

Quoi qu'il en soit de ces plaintes plus ou moins fondées, dit M. de Laugardière, il ne paraît pas qu'il y ait été alors donné suite, ni que les menaces aient été suivies d'exécution. Car ce ne fut que près de quarante ans après et le 1er février 1765, que le dit comte de Bonneval mourut dans ce même château de La Marthonie parfaitement intact et encore debout (2). D'ailleurs, le vieux castel ne porte pas la moindre trace d'incendie, ce qui confirme pleinement ces réflexions.

Marie de Beynac, comtesse de Bonneval, marquise de Lamarthonie, mourut en 1770, sans laisser d'enfants

---

(1) Nadeau, *Nobiliaire du Limousin*, t. 1, p. 236.
(2) *Bull. arch.*

de son mariage avec le comte de Bonneval. Aussi institua-t-elle, par testament du 3 janvier 1768, héritière universelle sa sœur Marie-Claude de Beynac, mariée le 10 mars 1761 à Christophe, marquis de Beaumont, à charge pour elle de remettre toute sa succession à Christophe de Beaumont, son fils aîné, filleul de la testatrice (1). Voici ce document important par lequel le château de Lamarthonie passe définitivement de la maison de Bonneval à celle de Beaumont.

Testament de Marie de Beynac, comtesse de Bonneval, marquise de La Marthonie, etc., en faveur de Marie-Claude de Beynac, marquise de Beaumont, sa nièce (2).

« Nous, Marie de Beynac, dame comtesse de Bonneval, marquise de La Marthonie, veuve de César-Phœbus-François, comte de Bonneval, en son vivant, brigadier des armées du roi, habitante actuellement du château de Bonneval, près et paroisse de Coursac en Limousin, étant, par la grâce de Dieu, en mon bon sens, mémoire et entendement..... j'ai fait mon testament et disposition de dernière volonté, lequel j'ai dicté à M⁰ André Pineau, notaire royal... en la manière qui suit :

» Je veux qu'après mon décès, mon corps soit enterré le plus humblement qu'il se pourra dans la chapelle de mon château de la Marthonie, contiguë à l'église des religieux de St-Jean-de-Côle.

« Je donne et lègue à ma filleule, fille de M. de Brocat-de-Castelnaud et de dame Julie de Beynac, ma nièce, la somme de six mille livres...

» Je donne et lègue à Marie Blaise de Bonneval, aussi ma filleule, pareille somme de six mille livres...

» Je nomme et institue mon héritière universelle

---

(1) Brizart. *Histoire de la maison de Beaumont*, t. I, p. 627.
(2) Brizart, op. c., t. II, p. 411.

dame Marie-Claude de Beynac, l'aînée de nièces, épouse de M. le marquis de Beaumont, colonel du régiment de la Fère, et voulant conserver l'unité de mes biens et en éviter tout partage, je la charge de remettre mon entière hérédité sans aucune distraction de quarte ni autre que je lui prohibe expressément, à Christophe-Marie de Beaumont, mon filleul, son fils aîné et de mon dit sieur de Beaumont, lors de son mariage ou à sa majorité, lequel je lui substitue, et à défaut d'icelui et au cas qu'il fût lié aux ordres sacrés ou inhabile à succéder, je veux qu'elle remette mon hérédité à tel de ses autres enfants mâles et dudit seigneur de Beaumont que bon lui semblera, et à défaut de mâles, à l'une des filles de leur mariage, telle qu'elle voudra nommer, voulant même qu'au cas que la dite dame de Beaumont vienne à mourir avant moi, ledit Christophe-Marie de Beaumont, son fils aîné, soit et demeure nommé et institué mon héritier universel, et au cas que ledit fils aîné de mesdits sieur et dame de Beaumont vînt à précéder ladite dame sa mère, au cas qu'il se trouvât lié aux ordres sacrés ou inhabile à succéder et qu'elle décédât sans avoir fait l'élection et remise en faveur de l'un de ses enfants, ou à défaut de mâles l'une des filles, dans l'ordre prescrit ci-dessus ; je veux que l'aîné desdits enfants mâles et à défaut d'iceux l'aînée des filles, habiles à succéder et non liées ès ordres sacrés, demeurent nommés et élus pour recueillir mon hérédité et prohibant toujours toutes distractions de quarte dans tous les degrés...

» Fait au château de Bonneval, paroisse de Coursac, en Limousin, le troisième janvier mil sept cent soixante-huit... Signé à l'original : Baynac de Bonneval, testatrice... et Pineau, notaire royal. »

Il est ainsi en l'original dudit procès-verbal ducment légalisé, certifié véritable, signé et paraphé, et déposé pour minute audit M. Jarry; par l'acte dont expédition est en tête d'icelui, le tout demeuré audit M. Jarry, notaire (signé) Jarry et Peron.

Nous voyons ainsi s'éteindre, dans la maison de Beaumont, les deux branches de la maison de Beynac. Les barons de Beynac, qui étaient les aînés et dont la marquise de Beaumont fut héritière, prenaient le titre de premiers barons de Périgord, concuremment avec les barons de Bourdeille, de Biron et de Mareuil, chacun se disputant la préséance et se disant le premier. Ce titre passe avec la terre de Beynac dans la maison de Beaumont (1).

Marie-Claude de Beynac prit possession de la terre et du château de Lamarthonie, suivant procès-verbal dressé par Bourdeille, notaire, le 7 novembre 1774, à sa requête et à celle de son mari, Christophe, marquis de Beaumont, qualifié de premier baron du Périgord, brigadier des armées du roy, menin de Monseigneur le Dauphin, seigneur de Beynac, Commarque, La Marthonie, Bas-Bruzac et autres places. (2) C'est ainsi que durant une période de près de quatre-vingts ans, le château de Lamarthonie passa successivement à la maison de Beynac, vers 1691, à celle de Bonneval, en 1724 et enfin à celle de Beaumont, vers 1770

La maison de Beaumont est originaire du Dauphiné. Tous les écrivains qui ont parlé de cette famille sont unanimes à avouer qu'elle est une des plus anciennes et des plus illustres de cette province. Cette maison, en effet, réunit tous les caractères qui constituent les races d'ancienne chevalerie. Une existence prouvée depuis près de huit cents ans ; une suite non

---

(1) Brizart, op. c. T. Ier. p. 632.
(2) *Bulletin arch.*

interrompue depuis plus de six cents ; une foule de services rendus par cette famille à l'Église, à la France, à nos rois ; une multitude d'hommes éminents qui ont jeté le plus vif éclat dans les rangs du clergé, de la magistrature et de l'armée ; tels sont en peu de mots les titres glorieux de cette illustre maison.

La noble devise adoptée par les Beaumont, dès les temps les plus reculés, les caractérise bien mieux que tous les éloges qu'on pourrait leur donner : *Impavidum ferient ruinæ*, « les ruines trouvent impassible l'homme sans peur. » Comme le marquis de Beaumont d'Autichamp, tué à la bataille de Lawfelt, en 1747, les Beaumont sauront affronter la mort au milieu des combats. Comme Christophe de Beaumont, archevêque de Paris, ils sauront supporter l'exil quand il s'agira de revendiquer les intérêts de la religion ; ils sauront mourir pour elle comme l'abbé de Beaumont d'Autichamp, vicaire général de Toulouse, mort sur l'échafaud révolutionnaire en 1794.

Les armes de la maison de Beaumont sont :

De gueules, à la fasce d'argent, chargée de trois fleurs de lys d'azur.

Supports : Deux sauvages de caration, armés de massues.

Cimier : Une tête d'argent.

Couronne : De marquis.

Devise : Impavidum ferient ruinæ.

Légende : Amitié de Beaumont.

Cri de guerre : Beaumont, Beaumont !

Nous voyons des membres de la famille de Beaumont prendre part à la glorieuse expédition des Croisades ; nous les voyons briller à la cour des Dauphins du Viennois, où ils remplissent les premières charges, et, ce qui fera à jamais leur gloire, ce seront leurs efforts pour amener l'annexion du Dauphiné à la France. Aussi, ne nous étonnons-nous pas de voir les rois de France octroyer à la maison de Beaumont des marques si éclatantes d'estime et de reconnaissance.

L'existence de certaines maisons nobles a donné lieu dans certaines provinces à des expressions passées à l'état de proverbes. La voix populaire a voulu caractériser ainsi les qualités les plus saillantes de ces maisons. *Amitié de Beaumont*, tel était le cri chevaleresque sorti de la bouche du peuple pour exprimer combien était sincère l'attachement des membres de cette famille entre eux

Le premier du nom de Beaumont dont l'existence soit connue par des monuments certains, est cet Humbert dont on trouve la souscription au bas d'une charte du prieuré de Domène, ordre de Cluny, fondé dans la vallée de Graisivaudan (1). Quatre branches ont été formées par la maison de Beaumont : 1° la branche d'Autichamp ; 2° celle de St-Quentin ; 3° de Verneuil d'Auty ; 4° du Repaire (2). Elles existent encore aujourd'hui, Nous croyons utile d'entrer dans quelques détails historiques touchant ces diverses branches, en faisant connaître les personnages marquants produits par chacune d'elles.

I. La branche de Beaumont d'Autichamp est la plus ancienne, elle remonte à l'an 1108 environ (3). Parmi les hommes remarquables qui en sont issus, on trouve :

1° Philippe de Beaumont, protonotaire apostolique, prieur d'Auriple et de Rac, au diocèse de Valence en Dauphiné, en 1492 et 1494 (4).

(1) Brizart, t I. p. 21.
(2) *Extrait des archives historiques de la maison de Beaumont*, Paris, rue Richelieu.
(3) *Archives Richelieu*, p. 8.
(4) Brizart, t. I, p. 229.

2° Louis-Joseph, marquis d'Autichamp (1), né à Angers, le 24 août 1716, promu le 1er septembre 1744 au grade de lieutenant-colonel d'infanterie et tué à la bataille de Lawfelt, gagnée par Louis XV, le 2 juillet 1747. Il n'était âgé que de 31 ans.

3° François de Beaumont d'Autichamp, évêque de Tulle. C'était le troisième fils de Charles-Just, marquis d'Autichamp, et de Gabrielle de la Baume-Pluvinel. Il naquit dans les dernières années du XVIIe siècle. Reçu docteur en Sorbonne, il fut nommé doyen du chapitre de l'église cathédrale d'Angers en 1721. Membre de l'Académie de cette ville et abbé commendataire de l'abbaye d'Oigny de l'ordre de St-Augustin, dans le diocèse d'Autun, il devint vicaire-général de l'évêque d'Angers en 1731. La mort de Charles du Plessis d'Argentré, arrivée le 27 septembre 1740, ayant rendu vacant l'évêché de Tulle, François de Beaumont fut nommé évêque de ce diocèse au mois de novembre de la même année. Ce prélat avait le titre d'évêque, seigneur et vicomte de Tulle (2).

Rien ne montre mieux la sainteté de cet évêque que les pieux sentiments que nous trouvons exprimés dans son testament olographe daté du 30 juillet 1753, huit ans avant sa mort (3). « Je demande, dit-il, à être enterré dans mon église cathédrale. Mes honneurs funèbres seront faits sans pompe ni rien qui ressente le faste et la vanité mondaine, mais cependant avec une simplicité proportionnée au rang et à l'état où la Providence m'a élevé dans son Église. Je lègue aux pauvres honteux et aux pauvres prisonniers de cette ville la somme de trois cents livres. Je lègue cent livres de rente aux pauvres honteux. Je

---

(1) Brizart, t. I, p. 211.
(2) Brizart, t. I, p. 205.
(3) Brizart, t. II, p. 167.

nomme et institue pour mes héritiers universels les pauvres de l'hôpital général de Tulle. » Ce testament est un modèle en ce genre, dit l'historien de la maison de Beaumont. On le croirait écrit par Fénelon, tant l'on y voit respirer l'onction et les sentiments les plus tendres d'amitié pour la famille, de religion et d'humanité pour les malheureux (1). François de Beaumont d'Autichamp mourut le 11 novembre 1761. La lettre suivante adressée par les exécuteurs testamentaires du défunt, à la marquise d'Autichamp, à Angers, pour lui annoncer la mort de son oncle, montre combien ce saint prélat laissa de regrets après lui dans le diocèse qu'il venait de quitter (2).

Tulle, ce 12 novembre 1761.

Madame,

Si la nature pouvait se taire, nous ne serions pas affligés de la mort des saints. Monseigneur, notre évêque, mourut comme meurent les saints, hier, à six heures du soir. Nous comprenons bien quel coup amer va porter à votre grand cœur la nouvelle de la mort d'un oncle qui vous était si cher et qui vous aimait si tendrement, parce qu'il vous estimait très sincèrement ; mais nous avons aussi perdu un pasteur si attaché à son troupeau et le père le plus tendre ; sa confiance et son attachement pour nous, nous fait bien sentir que nous ne vivrons pas assez pour le regretter comme nous le devons.

Signé : Melon de Pradon, trésorier de la cathédrale.

La Selve, grand chantre.

Mignard, supérieur du Séminaire de Tulle.

(1) Brizart, t. I, p. 205.
(2) Brizart, t. II, p. 208.

4° François-Charles-Antoine de Beaumont, dit l'abbé d'Autichamp, né à Angers, le 30 mai 1739, chanoine de l'Eglise de Paris en 1763, mort sur l'échafaud révolutionnaire en 1794 (1).

5° Le comte d'Autichamp. C'était le fameux chef Vendéen qui signa la paix de la Vendée avec le général Hoche. Vainement Napoléon voulut lui offrir les plus avantageuses positions : le comte d'Autichamp préféra le repos de la vie privée, dédaignant de se mettre au service d'un gouvernement qui n'était pas celui de ses aïeux. En 1799, il est nommé maréchal de camp dans la Vendée. En 1813 et 1814, il travaille à une nouvelle levée de boucliers dans cette province, mais la rentrée du roi prévient ses efforts. Nommé, sous la Restauration, commandant de la division militaire de Tours, puis de Bordeaux, il fait un nouvel appel aux Vendéens en 1832, lors de la tentative de la duchesse de Berry. Condamné à mort par contumace il passe sept ans en exil ; acquitté par le jury d'Orléans, il rentre alors dans sa patrie (2).

II. La deuxième branche de la maison de Beaumont est celle de St-Quentin. Aynard de Beaumont, damoiseau, seigneur des Adrets et de St-Quentin, troisième fils de François de Beaumont et de Folie de Chabrillan, en est l'auteur, vers la fin du XIVe siècle. Entre autres personnages remarquables, elle a produit les suivants :

1° Baron des Adrets. Il nous est pénible de mentionner ici le nom d'un homme qui fut la plaie de l'Eglise, le déshonneur de la patrie, la honte de sa famille et, selon l'expression d'un contemporain, le

(1) Brizart. T. 1, p. 213.
(2) *Arch. Richelieu*, p. 7.

fléau de Dieu envoyé pour la punition et le châtiment des hommes (1). Mais il a joué un rôle si important dans les guerres qui dévastèrent le Lyonnais, la Provence et le Dauphiné au XVIᵉ siècle, que nous ne saurions le passer sous silence. Si la maison de Beaumont, dont le dévouement à la cause de l'Eglise et de la France ne peut être révoqué en doute, compte dans son sein un sujet qui trancha d'une manière si extraordinaire avec la conduite de ses aïeux, nous devons à la vérité de dire qu'il n'eut pas d'imitateurs. D'ailleurs, est-il surprenant que dans les familles dont l'existence se perd dans le lointain des âges, il apparaisse parfois un membre qui se mette par sa conduite et par ses sentiments en contradiction directe avec ses ancêtres ? Une étoile tombée du ciel empêche-t-elle les autres astres de scintiller dans la voûte des cieux ?

François de Beaumont des Adrets naquit en 1513. Il embrassa de bonne heure la carrière des armes. La grandeur d'âme, la fierté, la bravoure s'alliaient en lui à un naturel farouche et cruel. Ses qualités auraient pu transformer en héros le baron des Adrets, mais vouées au service d'une mauvaise cause, elles n'en firent qu'un tyran. Lorsque l'astucieuse Catherine de Médicis, cherchant à contrebalancer le pouvoir du duc de Guise, se déclara pour le prince de Condé contre les catholiques, elle crut trouver dans le baron des Adrets un instrument docile au triomphe de ses odieux projets. Elle était loin de se tromper. Le baron se jette en plein dans le parti des huguenots, et c'est alors, dit un historien, que des Adrets fit en moins d'une année, à la tête des protestants, des choses si extraordinaires, qu'elles paraîtraient in-

---

(1) *Annales de France*, par Belleforêt, cité par Brizart, T. 1 p. 333.

croyables si elles n'étaient attestées par la vérité de l'histoire (1). Il fut à l'égard des catholiques, dit un autre biographe (2), ce que Néron avait été à l'égard des premiers chrétiens.

Le 25 avril 1652, Des Adrets marche sur Valence, s'en empare, et défend sous les peines les plus sévères, de reconnaître d'autre culte que la religion protestante (3). Les calvinistes de Lyon font appel à sa bravoure. Des Adrets vole à leur secours, la ville tombe en son pouvoir dans la nuit du 30 avril au 1er mai, et comme à Valence, un des premiers actes du vainqueur est d'abolir le sacrifice de la messe et de prohiber tout acte public conforme au rit romain (4).

La ville de Grenoble eut surtout à souffrir de la cruauté du fougueux chef des huguenots. Dès le 12 mai, la capitale du Graisivaudan est à sa discrétion. Le culte de la religion catholique est impitoyablement proscrit, la messe abolie, les couvents fermés, les religieuses livrées à la merci d'une soldatesque effrénée, les reliques profanées, les autels renversés ; les églises qui jusque-là n'avaient entendu résonner que la voix de la vérité, deviennent les foyers de l'hérésie (5) La grande Chartreuse elle-même ne peut échapper aux coups des fanatiques : les émissaires du baron mettent le feu aux bâtiments, et le célèbre monastère que la générosité des Beaumont avait comblé de faveurs se voit réduit en cendres par le fanatisme d'un de leurs descendants. Montélimar, Orange et grand nombre d'autres villes des environs d'Avignon partagent le sort de Grenoble (6).

(1) Brizart. T. 1, p. 271.
(2) Follor, V. des Adrets.
(3) Brizart. P. 276.
(4) Brizart. P. 277. Mémoires de Condé.
(5) Brizart. P. 880.
(6) Brizart. P. 281.

Des Adrets s'était jeté dans le parti protestant plutôt par ambition que par zèle pour la nouvelle réforme. Blessé par les procédés de ceux qu'il avait servis jusque là et surtout de ce que ses coréligionnaires l'avaient privé du gouvernement de Lyon, le baron se tourne brusquement du côté des catholiques et devient la terreur des protestants comme il avait été six mois auparavant, celle des catholiques. C'était à la fin de de 1562. Cette évolution lui attira les foudres des écrivains de la Réforme, notamment de Bayle et de Théodore de Bèze. Les protestants voulurent se défaire de lui et armèrent un bras pour attenter à ses jours ; le complot fut découvert et l'assassin puni du dernier supplice. Le baron des Adrets mourut en 1587, d'après Brizart (1), ou le 2 février 1586, suivant d'autres auteurs (2). Il expira dans la religion de ses pères qu'il paraît n'avoir jamais sincèrement abandonnée. Aucune des branches actuelles de la maison de Beaumont ne provient du baron des Adrets. Sa descendance s'éteignit peu de temps après lui. Ainsi finit toujours la postérité des impies et la race des persécuteurs (3).

2° Balthazar de Beaumont, l'un des compagnons de Bayard (4), prit part à la bataille de Marignan en 1515 à côté du chevalier sans peur et sans reproche.

3° Laurent de Beaumont se distingua également à la bataille de Marignan (5) ; il mourut vers 1560.

4° Dame Suzanne de Beaumont entra au monastère de Montfleury en 1600. Elle y fit profession en 1603 et remplit quatre fois (6) la charge de supérieure.

5° Roland de Beaumont, capitaine d'infanterie dans

---

(1) Brizart, p. 333.
(2) Foller, V. des Adrets. — Bouillot, id.
(3) *Semen impiorum peribit* (Ps. XXXVI, 28).
(4) Brizart, p. 318.
(5) Brizart, p. 351.
(6) Brizart, p. 377.

le régiment de Sully (1) en 1648. Il vivait encore en 1698.

6° Claude Hyacinthe de Beaumont, chanoine et comte de l'Église de Lyon, vicaire général à Dijon en 1770 (2).

III. La troisième branche de la maison de Beaumont est celle de Verneuil d'Auty. Elle a pour auteur le grand Amblard de Beaumont, aux travaux duquel la France doit l'acquisition du Dauphiné.

1° Amblard de Beaumont naquit à la fin du XIII° ou au commencement du XIV° siècle. En 1333, le dauphin Humbert II l'appela auprès de sa personne et le revêtit de la haute dignité de pronotaire, une des premières charges du gouvernement du Dauphiné (3). Amblard fut chargé par Humbert de se rendre à Naples comme ambassadeur auprès du roi Robert. De retour auprès du dauphin, Amblard travaille à l'organisation des finances et rédige des règlements pleins de sagesse relatifs à l'administration de la cour du prince. Pour resserrer d'une manière plus intime les liens qui l'unissaient déjà à son premier ministre, le dauphin voulut lui faire épouser une de ses parentes Béatrix Alleman de Vaubonnais Ayant pris les armes pour aller combattre les infidèles, il confia pendant son absence le gouvernement du Dauphiné à Amblard de Beaumont.

Mais ce qui fait surtout la gloire d'Amblard de Beaumont et ce qui lui a mérité dans sa famille le surnom de *Grand*, ce sont les efforts qu'il fit pour amener l'annexion du Dauphiné à la France; le témoignage de Philippe de Valois lui-même, sous lequel cette province fut réunie au royaume en est une

---

(1) Brizart, p. 380.
(2) Brizart, p. 353.
(3) Brizart, t. 1, p. 402.

preuve irréfragable (1). D'après les historiens, le traité par lequel cette annexion fut définitivement conclue entre le dauphin et le roi, fut rédigé par Amblard de Beaumont (2).

Ce grand homme ne passa pas moins de vingt ans dans les vicissitudes de la vie publique, au service du dauphin. Il mourut dans un âge avancé. On fixe sa mort dans l'intervalle du 26 juin 1374 ou 28 juillet 1375 (3).

2° Amblard de Beaumont, V° du nom, né vers 1465, épousa en 1504 la nièce de Laurent Alleman, évêque de Grenoble. Cette dame mourut fort jeune et peu de temps après son mariage. Amblard de Beaumont conçut alors le projet d'embrasser l'état ecclésiastique et de renoncer au monde. Il entra chez les chanoines réguliers de la cathédrale de Grenoble et fit profession de la règle de St Augustin le 12 juin 1517 (4). Il vécut dans cette sainte retraite près de quarante ans et mourut vers 1556.

3° Bertrand de Beaumont, né le 26 septembre 1745, à St-Vincent-de-Rivedot, au diocèse de Cahors, fut nommé chanoine de l'Eglise de Paris, le 4 octobre 1469, aumônier du roi par brevet du 5 avril 1773 ; abbé commendataire de l'abbaye de Lieu-Croissant, en 1778. Il assista en 1774 au conclave tenu à Rome, après la mort du pape Clément XIV (5).

IV. La quatrième branche de la maison de Beaumont est celle *du Repaire*. Charles de Beaumont en est l'auteur. C'est lui qui combattit en 1577 dans la province du Quercy pour les intérêts de Henri III, par la

---

(1) Brizart, p. 6 et t. 2, p. 287.
(2) Brizart, p. 156.
(3) Brizart, p. 473.
(4) Brizart, t. 1, p. 539 et t. 2, p. 350.
(5) Brizart, t. 1, p. 585.

prise de la petite ville de Salviac. Il épousa cette année là même, Antoinette de Pouget qui lui apporta la terre du Repaire en Périgord, dont ses descendants ont pris le nom (1) Il mourut en 1605(2). Comme cette branche de la maison de Beaumont touche directement à notre sujet, puisque le château de Lamarthonie est en la possession des descendants de Charles de Beaumont, depuis le milieu du XVIII° siècle, nous croyons utile de faire connaître d'une manière plus détaillée les principaux personnages qu'elle a produits.

1° Laurent de Beaumont, fils unique de Charles de Beaumont, épousa, le 8 septembre 1596, Marguerite de Salignac de la Motte-Fénelon, par contrat passé le 30 juil et 1595, au château de Fénelon, diocèse de Cahors, sénéchaussée de Périgord (3). Marguerite de Salignac était la grande tante de l'immortel Fénelon. Elle mourut en 1601, à la fleur de l'âge et sans laisser d'enfants. Laurent de Beaumont se remaria le 20 novembre de l'année suivante, et épousa Françoise de Chaunac de Lansac (4).

2° Barthélemy de Beaumont, fils du précédent, né vers 1607, contribue à la réduction de la ville de Sarlat sous l'obéissance de Louis XIV, en février 1653 (5). Il meurt vers 1678.

3° Antoine de Beaumont, capucin au couvent de Gourdon, en 1615. Il était frère du précédent (6).

4° François de Beaumont épousa en secondes noces, Marie-Anne de Lostanges de Saint-Alvaire, par contrat passé au château de St-Alvaire en Périgord, le 4

---

(1) *Archives Rich*, p. 10.
(2) Brizart, t. 1, p. 594.
(3) Brizart, t. 1, p. 597. T. 2 p. 390.
(4) Brizart, t. 1, p. 599.
(5) Brizart, t, p. 602.
(6) Brizart, t. I, p. 600.

janvier 1679. Trois enfants naquirent de ce mariage, au nombre desquels fut Christophe de Beaumont, archevêque de Paris (1).

5° Jean de Beaumont, chanoine de l'église de Saint-Avit (2), en Périgord, en 1667. Ce chapitre fut plus tard réuni à celui de Sarlat.

6° Christophe de Beaumont, archevêque de Paris, naquit au château de la Roque en Périgord, le 26 juillet 1703. Il reçut les cérémonies du baptême, le 10 août de la même année dans l'église paroissiale de Meyrals, au diocèse de Sarlat. Il était le troisième fils de François de Beaumont et de Marie de Lostanges Grâce aux soins de sa pieuse mère, il joignit dès l'âge le plus tendre une grande austérité de mœurs à un profond respect pour tout ce qui touche à la religion.

Sur l'admission de ses preuves de noblesse, d'après lesquelles nous le voyons allié aux plus grandes familles du royaume (3), il fut élu chanoine et comte de Lyon, le 2 mai 1732, et le 27 août suivant il fut installé par le chapitre de cette église. Le 22 juin 1735, l'abbé de Beaumont est nommé vicaire général de François de Crussol d'Uzès d'Amboise, évêque de Blois, son cousin. Deux ans après, le 22 novembre 1737, il est reçu official du même évêché, et le 4 avril 1738, Louis XV le nomme abbé commendataire de l'abbaye de Notre-Dame-des-Vertus, de l'ordre de Saint-Augustin, au diocèse de Châlons-sur-Marne.

Les hautes vertus et les brillantes qualités de l'abbé de Beaumont le destinaient à la dignité épiscopale. La promotion de Mgr G. de Bellefonds à l'archevêché

(1) Brizart, t. I, p. 607.
(2) Brizart, t. I, p. 605.
(3) Brizart, t. I. p. 603.

d'Arles laissa vacant le siège de Bayonne. Christophe de Beaumont fut appelé à succéder au nouvel archevêque le 20 août 1741. Sacré le 24 décembre suivant dans l'église des religieuses du Chasse-Midi à Paris, il ne gouverna le siège de Bayonne que jusqu'au 20 avril 1745, époque à laquelle il fut nommé successeur du cardinal de La Tour d'Auvergne sur le siège archiépiscopal de Vienne. Le pape Benoît XIV signa, le 23 août de cette même année, les bulles de provision de Christophe de Beaumont et lui accorda en même temps l'usage du *pallium*. L'archevêque de Vienne avait le titre de primat et de comte de cette ville, il en était anciennement souverain en partie sous la protection de l'empire (1).

Mais Christophe de Beaumont ne devait que passer sur cet illustre siège. L'archevêché de Paris vint à vaquer par la mort de Mgr de Bellefonds, le même auquel l'archevêque de Vienne avait succédé sur le siège de Bayonne. Le roi *bien informé des bonnes vie, mœurs, grande suffisance et des autres vertueuses et recommandables qualités qui sont en la personne du sieur Christophe de Beaumont du Repaire* (2), jette les yeux sur ce prélat comme successeur de Mgr de Bellefonds. Aucun choix ne pouvait être plus heureux. Cette nomination fut signée le 5 août 1746. Mgr de Beaumont prit possession de son nouveau siège le 7 novembre suivant, donnant, peu de temps après, sa démission d'abbé commendataire de l'abbaye de N.-D. des-Vertus (3). En 1750, l'archevêque de Paris siégeait au parlement en qualité de duc de St-Cloud et de pair de France ; il était nommé le 8 novembre 1759 proviseur de Sor-

(1) Brizart, t. I, p. 613.
(2) Brizart, t. 2, p. 417.
(3) Brizart, t. I, p. 613.

bonne, après la mort du cardinal de Tavannes (1).

Un grand zèle pour le bien spirituel des âmes, une noble fermeté pour la revendication des droits de l'Église, telles sont les deux qualités que l'on vit briller dans l'archevêque de Paris. Comme Chrysostome, il sut dire la vérité aux puissants du siècle, comme Chrysostome, il se vit forcé de prendre le chemin de l'exil (2). Revenu au milieu de son troupeau, Christophe de Beaumont s'efforça de le défendre contre le venin de l'hérésie janséniste et contre les erreurs des sophistes de son temps. Les mandements qu'il publia contre ces derniers provoquèrent la lettre de J.-J. Rousseau à M. de Beaumont.

Béni de son troupeau, honoré et estimé de tous, ce saint prélat s'endormit dans le Seigneur, le 12 décembre 1781. Dieu ne voulait pas que son serviteur fût le témoin de la terrible tempête qui allait se déchaîner sur son diocèse et sur la France entière. Les trois mille pauvres (3) que l'on vit à ses obsèques font assez l'éloge de ce digne archevêque.

C'est sous le toit qui abrite depuis un siècle les descendants de la noble famille de Beaumont, c'est devant l'image du célèbre archevêque de Paris, cette grande de figure l'Église de France, que nous traçons aujourd'hui ces lignes. Victimes d'une odieuse persécution, expulsés de vive force de notre domicile par les exécuteurs des décrets du 29 mars 1880, le vieux manoir des Beaumont a ouvert largement ses portes

---

(1) Brizart, l c.

(2) Christophe de Beaumont fut exilé en 1756 par Louis XV au château de la Roque, lieu de sa naissance... On voit encore, dit l'abbé Audierne, son portrait et le tilleul séculaire sous lequel ce vertueux prélat allait, dans les soirées d'été, dire son bréviaire. (*Périgord illustré*, p. 603) Son cœur repose dans une chapelle de l'église St-Cyprien près de la Roque. (Id., p. 92.

(3) Feller, v. *Christophe de Beaumont.*

aux proscrits, grâce à la générosité de ses possesseurs actuels.

Bon sang ne peut mentir !

S'il est triste de voir des hommes enivrés de leur puissance éphémère, faire appel aux plus viles passions pour tyranniser le faible et opprimer les consciences, un autre spectacle est bien fait pour nous consoler : ce sont ces protestations parties de cœurs nobles et généreux que ni les menaces, ni les sarcasmes n'arrêtent point ; le droit méconnu trouvera toujours des revendicateurs, la justice indignement foulée aux pieds élève tôt ou tard la voix contre les oppresseurs de la liberté.

Revenons à la biographie des hommes dignes de remarque que nous trouvons encore dans la branche Beaumont du Repaire.

7° Simond-Armand de Beaumont, frère de l'archevêque de Paris. Il naquit le 12 juillet 1700, au château de la Roque, en Périgord. Il épousa, le 15 mars 1724, Marie-Anne de Faurie, et mourut le 9 octobre 1776, laissant la jouissance du château de la Roque à son épouse. Il fut enseveli dans le *tombeau de sa maison* (1), dans l'église paroissiale de Meyrals. Dans son testament, il n'eut garde d'oublier les pauvres, l'église de Meyrals et les églises des environs, afin que l'on priât pour le repos de son âme.

8° Louis, comte de Beaumont, fils aîné du précédent, brigadier des armées du Roi et commandant pour Sa Majesté à Bergerac (2).

9° Antoine, vicomte de Beaumont, né le 3 mars 1733, au château de la Roque, était neveu de l'archevêque de Paris. Commandant la frégate la *Junon*, à la bataille d'Ouessant, il prit le vaisseau anglais, le *Fox*, et fit prisonnier le capitaine Windsor. Député aux États

---

(1) Brizart, t. I, p. 617.
(2) Brizart, t. I, p. 627.

généraux par la noblesse d'Agen, le vicomte de Beaumont fut plus tard membre de la Constituante. La Révolution trouva en lui un adversaire des plus énergiques. Quand on vota l'abolition de la noblesse, il fit entendre une protestation qui commanda l'admiration même de ses ennemis (1). Le vicomte de Beaumont mourut à Toulouse le 15 septembre 1805.

10° Christophe, marquis de Beaumont, second fils de Simon-Armand et frère des deux précédents, naquit au château de la Roque, le 11 avril 1731. Il eut pour parrain l'archevêque de Paris (2). Il fut nommé brigadier des armées du Roi, et en 1770, l'un des menins du Dauphin, plus tard Louis XVI. En 1772, il fut nommé gouverneur du château de Domme en Périgord. Il épousa, en 1761, Marie-Claude de Beynac, et c'est par cette alliance que le château de Lamarthonie vint en la possession de la maison de Beaumont, en vertu du testament de Marie de Beynac, sœur de la marquise de Beaumont. Son père lui donna dans son contrat de mariage la somme de trente mille livres et lui en laissa dix mille de plus en l'instituant son héritier particulier dans son testament (3).

11° Christophe-Marie, comte de Beaumont, fils aîné du précédent, capitaine de cavalerie, émigra et servit en Portugal. Rentré en France sous le Consulat, il mourut en 1812. Il avait épousé Éléonore-Louise de Montigny Le Boulanger, qui lui donna quatre enfants (4).

12° Christophe-Louis, marquis de Beaumont, fils aîné du précédent, a été de nos jours le chef de la branche de Beaumont du Repaire. Il était né en 1783,

---

(1) Follor, v. Ant. de Beaumont, et t. II, p. 407.
(2) Brizart, t. I, p. 265, et t. II, p. 405.
(3) Brizart, t. II, p. 448.
(4) Arch. Rich., p. 25.

fut nommé capitaine de cavalerie et chevalier de St-Louis. En 1815, il suivit Louis XVIII à Gand, et en 1820, il épousa Geneviève-Thérèse-Charlotte d'Astin, fille de Marie André, baron d'Astin, capitaine d'artillerie, et d'Anne-Charlotte de Flavigny (1). Le marquis de Beaumont est mort à Paris, le 16 juillet 1864. Il est enseveli dans le tombeau de sa famille, au Père Lachaise. De son mariage sont issus :

1. Isabelle-Charlotte de Beaumont, née en 1821, décédée à Saint-Jean-de-Côle, le 15 avril 1880. Son corps a été inhumé dans le cimetière de cette paroisse.

2° Humbert Guillaume Louis, marquis de Beaumont, né en 1827, demeurant à Périgueux.

3° Arnaud Christophe, comte de Beaumont, né en 1830, a fait la campagne d'Italie. Pendant la guerre de 1870, il a assisté à tous les combats livrés sur Orléans. Nommé lieutenant-colonel, il fut chargé, à la tête d'un régiment de hussards et d'un corps de dix mille mobilisés, de la défense de Rouen. Il eut sous ses ordres, durant trois mois, comme capitaine de la légion étrangère, le duc de Chartres, sous le nom de Robert le Fort. Cette désastreuse campagne épuisa totalement les forces du comte de Beaumont. Il demanda sa mise en disponibilité de colonel du 12° hussards, pour aller demander à un climat plus doux le rétablissement de sa santé. Il se rendit à Nice. A peine y était il arrivé que la mort vint le surprendre le 14 décembre 1874. Son corps a été enseveli dans le tombeau de sa famille au Père Lachaise à Paris.

4° Armande Marie de Beaumont, née en 1840, qui a épousé M. de Falvelly, demeurant à Aurillac.

13° Christophe Armand Victoire, Comte de Beaumont, quatrième fils du marquis de Beaumont et de Marie

(1) *Arch. Rich.* l. c.

Claude de Beynac, chevalier de Malte en minorité, émigra en 1791. Il fit la campagne de 1792 dans l'armée du prince, servit en Vendée sous Scépaux et le comte d'Autichamp son cousin. Colonel, il commanda la place de Vincennes de 1816 à 1830. Il est mort en 1843 (1).

14° Christophe Armand Paul Alexandre, vicomte de Beaumont, cinquième fils du marquis de Beaumont et de Marie Claude de Beynac, chevalier de Malte, fit la campagne de 1792 dans l'armée des princes, se mit au service de l'Angleterre et rentra en France en 1801. Député de 1823 à 1829, il fut élu membre du conseil d'État et fut successivement préfet de Montauban, de Tours, de Besançon et de Pau (2).

C'est donc par l'alliance de Charles de Beaumont, auteur de la quatrième branche, avec Antoinette du Pouget en 1577 que la famille de Baumont s'est fixée en Périgord et a pris le nom du Repaire, nom de la terre apportée par Antoinette du Pouget. Cette branche s'établit dans les environs de Sarlat et elle possède encore aujourd'hui le château de la Roque sur les bords gracieux de la Dordogne. Le marquis de Beaumont qui, en épousant Marie Claude de Beynac en 1761, devint plus tard le possesseur du château de Lamarthonie, descendait en ligne directe de Charles de Beaumont du Repaire, et ses enfants ont conservé ce château jusqu'à nos jours.

Il y avait vingt ans à peine que la famille de Beaumont s'était implantée à St-Jean-de-Côle lorsque éclata la funeste révolution de 1789, qui devait accumuler tant de ruines. Le château de Lamarthonie éprouva le sort de tant d'autres monuments de ce genre qui

---

(1) *Arch. Richelieu* p. 15.
(2) Brizart, t. I, p. 593 et t. 2 p. 415.

avaient défié les siècles en se riant de la rage des temps. En 1793, il était vendu au nom de la nation (1), lorsque déjà ses nobles hôtes avaient pris le chemin de l'exil. (2) L'antique manoir semble dès lors tomber dans l'oubli et voit s'opérer chaque jour dans ses murs quelque dégradation nouvelle. On s'étonne en effet de ne pas rencontrer dans son enceinte un seul meuble antérieur à la Révolution française, bien que les diverses familles qui l'ont possédé, tour à tour avant cette époque, se le soient transmis enrichi d'un précieux mobilier. La période révolutionnaire a tout fait disparaître, et ce qu'a épargné la rage des démolisseurs n'a point échappé à la main du vandale qui avait recueilli l'héritage du bandit de la terreur.

La partie du château construite vers le XVIIe siècle n'est pas habitée aujourd'hui, mais elle le fut probablement autrefois. La pièce située sous le dôme aurait pu servir de grand salon de réception. Les moulures que l'on aperçoit encore au sommet des voûtes en pierre qui servent de plafond au rez-de-chaussée sembleraient dénoter l'existence d'anciens salons du côté de la cour.

Peu de temps après la Révolution, le château fut remis en vente ; la maison de Beaumont saisit l'occasion de reconquérir ce que la fureur révolutionnaire lui avait ravi au mépris de toute justice ; la terre et le vieux manoir de Lamarthonie furent rachetés par le comte de Beaumont. Après sa mort, son fils, le marquis de Beaumont, eut à choisir, en sa qualité d'aîné, entre le château de la Roque, berceau de la famille en Périgord, et celui de St-Jean-de-Côle. Son choix se porta sur ce dernier. Ce partage eut lieu vers

(1) De Laugardière. *Notes sur le Nontronnais*, p. 17.
(2) De Laugardière. *Bulletin Arch.*.

1817. En 1840, le marquis de Beaumont songea à se défaire de ses propriétés de St-Jean-de-Côle. Les sieurs Jugie et Bourgoing en firent l'acquisition par contrat passé devant M⁰ Rebière, notaire. Mais les nouveaux possesseurs de Lamarthonie, ne pouvant solder le prix de leur achat, M. de Beaumont dut faire appel à la justice, en 1840, pour rentrer en possession de ses droits. Le tribunal de Nontron ayant été saisi de l'affaire, rendit une décision par laquelle les sieurs Jugie et Bourgoing devaient remettre à M. de Beaumont les propriétés qu'ils tenaient de lui. Le 29 février 1844, M le marquis de Beaumont reprenait son domaine. Ses deux filles se sont partagé, depuis la mort de leur père, la possession du château de Lamarthonie et de ses dépendances. Depuis le décès de l'aînée, cette propriété n'est habitée que pendant quelques mois de l'été par sa sœur, Mme de Falvelly et son frère, M. le marquis de Beaumont.

CHAPITRE IX

LA RELIQUE DE SAINT JEAN-BAPTISTE

Authentique. — Tradition populaire. — Provenance de cette relique.

L'église de St-Jean-de-Côle n'a pas seulement l'avantage d'offrir un sérieux intérêt au point de vue de l'artistique. Elle a encore celui de posséder un dépôt vénérable. C'est un reste du corps de St Jean-Baptiste. Il consiste dans un *cubitus* bien conservé et enchâssé dans un gracieux reliquaire. Il n'y a pas à la vérité d'authentique qui puisse garantir du moindre doute ce reste vénéré ; il a existé jusqu'à la révolution, mais il a péri à cette époque avec toute la collection des archives du prieuré. Malgré la disparition de cette pièce importante, le culte de cette relique a reçu l'approbation de l'Ordinaire du lieu, et chaque année, le 24 juin, jour de la fête du saint Précurseur, les fidèles des paroisses environnantes viennent se joindre à ceux de St-Jean-de-Côle pour vénérer ces restes sacrés.

Comment l'église de Saint-Jean a-t-elle été mise en possession de cette dépouille sacrée, c'est un point que nous voudrions éclaircir, mais les documents nous font complètement défaut à cet égard. Nous pensons qu'elle fut apportée de l'Orient par quelque preux chevalier revenant des croisades, ou que Raynaud de Thiviers, évêque de Périgueux, possédant ce trésor, en aurait fait don au prieuré des chanoines réguliers qu'il établit dans la vallée de la Côle.

Comment cette relique a-t-elle pu échapper aux coups des révolutionnaires du siècle dernier? C'est encore un point aussi obscur que le premier. Nos investigations à ce sujet auprès des anciens du pays sont demeurées sans résultat. Bien que le manque de documents écrits ne nous permette pas de fixer d'une manière précise la véritable époque où cette relique fut apportée en Périgord, ni de connaître le nom du donateur généreux qui voulut en doter l'église de St-Jean-de-Côle, ni de savoir comment la dépouille du saint Précurseur a pu traverser la triste période révolutionnaire de la fin du dernier siècle, devons-nous en conclure qu'elle n'a nullement la valeur qu'on lui attribue? De ce que l'on ne peut établir d'une manière certaine, faute de document, l'existence d'un fait historique, serait-on bien fondé de venir à en nier l'existence? Une telle assertion serait loin d'être concluante.

Un défaut d'authentique pourrait-il suffire pour prouver d'une manière évidente que tel ou tel ossement est attribué à tort à tel ou tel personnage? Une pareille pièce n'est qu'une garantie que l'Eglise requiert dans sa sagesse, pour éviter toute erreur ou supercherie quelconque. Si cet écrit vient à se perdre par l'incurie des hommes ou le malheur du temps, faudra-t-il dès lors cesser de rendre tout culte public aux objets que l'on avait vénérés jusque-là de temps immémorial?

Ce qui peut encore sembler étrange, c'est que l'Eglise de St-Jean-de-Côle soit en possession d'un reste d'un personnage mort avant Notre-Seigneur et dont le corps fut livré aux flammes, au VI° siècle, par les infidèles de Sébaste, sur l'ordre impie de Julien l'apostat. La réponse est facile : s'il est vrai qu'un tel sacrilège reçut un commencement d'exécution, le zèle des chrétiens parvint néanmoins à soustraire une partie notable du corps du saint Précurseur à la rage des païens (1).

L'Eglise a toujours veillé avec un soin minutieux à la conservation des reliques des saints. Malgré la persécution, malgré les guerres de tout genre qui se sont succédé depuis l'établissement du christianisme, les restes des martyrs et des autres personnages qui ont brillé dans tous les pays par leur sainteté ont échappé, pour la plupart, en tout ou en partie, à la profanation des infidèles, à la fureur des hérétiques et aux ravages du temps.

Plusieurs églises de France se montrent justement fières de posséder quelque portion du corps du saint précurseur du Sauveur. La cathédrale d'Amiens a l'heureuse fortune de posséder depuis le commencement du XIII° siècle le chef de St Jean-Baptiste, apporté dans cette ville en 1206, à l'époque des Croisades (2). La ville de St-Jean-de-Maurienne en Savoie doit sa dénomination à la possession d'un doigt du saint Précurseur, qu'une pieuse femme, du nom de Thècle, y apporta au VI° siècle (3). La ville de Bazas, près de Bordeaux, a conservé jusqu'à la Révolution la célèbre relique du sang de St Jean-Baptiste. C'était une goutte de sang recueillie, suivant la tradition de cette église, par Ste Véronique elle-même dans la prison de Machéronte, où ce saint eut la tête tranchée par l'or-

---

(1) Bérault. Borc. *Hist. de l'Église*, liv. IX, p. 109.
(2) Longueval. *Hist. de l'Église Gall.*, liv. XXIX, p. 200.
(3) id. id. liv. VII. p. 124.

dre d'Hérode. Ste Véronique la remit à St Martial, évêque de Limoges, lorsque ce disciple des apôtres consacra le premier temple chrétien de Bazas. Il n'y a donc rien d'étonnant à ce que le Périgord ait eu l'heureux privilège d'avoir en partage quelqu'un de ces glorieux trophées et qu'il ait été confié à l'église des chanoines réguliers de St-Jean-de-Côle par quelqu'un des successeurs de St Front ou quelque pieux chevalier à son retour de l'Orient.

L'on ne doit pas s'étonner davantage de voir que cette relique ait pu traverser la tourmente révolutionnaire et nous arriver dans cet état de conservation. Malgré les ruines à jamais irréparables amoncelées dans ces jours néfastes, bien des objets précieux, tant au point de vue de l'art que de la religion, ont pu échapper à la haine féroce des forcenés de la Terreur. L'église de St-Jean-de-Côle a eu le rare privilège de conserver ses cloches et de sauver les peintures qui font l'ornement de son sanctuaire ; aurait-il été difficile à une main pieuse de mettre à l'abri de la profanation un dépôt si glorieux ?

Le sentiment unanime de la population vient confirmer notre opinion. Nul n'ignore, en effet, que l'organe de la tradition est une source certaine maintenue au sein de l'Eglise catholique pour la conservation d'une vérité dogmatique. La pureté de cette source serait-elle altérée parce qu'il s'agirait d'une vérité liturgique ? La preuve en aurait-elle moins de force ? Une province, une paroisse entière rendent un culte public à tel ou tel saint ; ce culte remonte à un temps immémorial ; qui oserait affirmer que le manque de documents écrits ou le défaut d'authentique doivent impliquer la fausseté de ce culte ? L'œil vigilant des évêques n'est-il pas toujours ouvert pour la suppression des moindres abus ? Et les pasteurs qui se succèdent dans chaque paroisse n'ont-ils pas aussi la mission de sauvegarder au sein de leur troupeau l'intégrité des doctrines sacrées ? On serait mal fondé, après de semblables raisons, de venir attribuer une origine douteuse au trésor dont la possession est un des titres les plus glorieux de l'église de St-Jean-de-Côle.

CHAPITRE X

LES USAGES DU PAYS

Usages particuliers à St-Jean-de-Côle. — La Frairie. — Les flocons de laine. — Le Brevet. — St-Léonard-de-Jouvent. — La Font-Close. — La Fontaine de l'Amour. — Le Feu de St-Jean. — Le tombeau de Geoffroy de Lamarthonie.

Il existe dans chaque pays des coutumes qui se rattachent intimement à l'histoire des peuples qui l'ont tour à tour habité. L'intérêt qu'elles offrent prouve que l'on ne doit point en négliger l'étude. Ces usages remontent, en général, à la plus haute antiquité, ils constituent l'héritage d'un peuple à un autre ; ce sont parfois les premiers vestiges des mœurs païennes que le souffle bienfaisant de la civilisation chrétienne n'est point parvenu à faire complètement disparaître. Les superstitions que nous voyons encore régner dans le peuple et exercer sur lui une si grande influence, sont le plus souvent un vieux reste de coutumes des peuples idolâtres. Privées de la notion du vrai et ne pouvant étouffer ce sentiment naturel qui porte l'homme à rendre un culte à un Être placé au-dessus de lui, les sociétés barbares ne pouvaient que devenir les tristes victimes de monstrueuses erreurs. De là, certaines pratiques superstitieuses que l'on ne saurait trop condamner, de là, divers usages que l'on ne saurait trop impitoyablement proscrire.

Il est d'autres usages qui ont pour origine la foi ardente des peuples du moyen-âge. Ces usages, bons dès le principe, ont été viciés par l'ignorance des générations suivantes ; pour que l'on puisse les conserver, il faut qu'ils soient libres de toute superstition et irréprochables au point de vue de la foi.

Dans une troisième catégorie, nous plaçons les us et coutumes en tout conformes à la saine morale et aux principes de la religion catholique. Ces usages ont jeté de telles racines dans les populations, que vouloir les supprimer serait autant blesser les sentiments intimes de ces populations que dépasser les justes limites de la prudence. Ces coutumes n'offrent-elles pas souvent aux peuples une occasion favorable de manifester publiquement leurs croyances religieuses ?

Noter soigneusement les usages civils, les coutumes religieuses, les préjugés, les superstitions en vigueur dans un pays, ne saurait être un hors-d'œuvre. D'éminents auteurs n'ont point dédaigné une pareille étude, et pour n'en citer qu'un seul, M. Taillefer n'a-t-il pas, dans son ouvrage sur les *antiquités de Vésone,* donné une place importante à un tel sujet pour ce qui touche au Périgord ?

Outre les usages qui lui sont propres, St-Jean-de-Côle en a d'autres qu'il partage avec les pays environnants. Quoique les idées superstitieuses tendent à disparaître de jour en jour, il n'est pas rare cependant d'en remarquer encore certaines traces dans l'esprit des habitants. Voici les usages en vigueur que nous avons pu observer.

Usages particuliers : 1. *La frairie.* C'est la fête patronale ; elle a lieu le 24 juin, jour de la nativité de St

Jean-Baptiste. Elle attire une affluence considérable de monde. Mais comme toutes les réunions de ce genre, où la piété n'a que la moindre part, ce concours est l'occasion d'un grand nombre d'abus. Le lendemain, a lieu la foire locale, seule de quelque importance. Le 26 juin a été choisi pour l'adoration perpétuelle du St Sacrement; la succession de plusieurs jours chômés porte les habitants, déjà trop enclins à l'indifférence, à négliger les exercices religieux de cette pieuse journée.

2. *Les flocons de laine.* Le jour de St Jean, les habitants de la campagne apportent de petits flocons de laine qu'ils jettent à un endroit déterminé de l'église. C'est sans doute en souvenir du témoignage rendu par St Jean-Baptiste au Sauveur, lorsque, le dépeignant sous les traits d'un agneau, il disait de lui : « Voici l'agneau de Dieu, celui qui porte les péchés du monde » (1).

3. Le *Brevet*. Si un petit enfant souffre, on l'amène à la porte du sanctuaire ; le prêtre lit devant lui l'évangile de St Jean. Puis les parents demandent ordinairement un *brevet*. C'est une médaille ou simplement un morceau de papier sur lequel est une invocation à St Jean-Baptiste. L'application de cet objet béni sur l'enfant lui portera bonheur.

4. *La chapelle de St-Léonard à Jouvent.* La chapelle de St-Léonard de Jouvent était le centre d'un pélerinage assez fréquenté. Voici ce que nous lisons dans les *Antiquités de Vésone* : « Lorsqu'une femme est stérile, elle va en dévotion soit à l'abbaye de Brantôme, soit à la chapelle de St-Robert, ou à St-Léonard près du village de Jouvens, etc. Toutes les femmes qui sont dans le même cas, s'invitent à assister à la messe. Après la

---

(1). Joan. I. 29.

cérémonie religieuse elles prennent le verrou de la porte de l'église et le font aller et venir jusqu'à ce que leurs maris les ramènent chez elles par la main avec l'appareil d'usage (1). » Il n'y a rien d'étonnant en effet à ce que St-Léonard soit invoqué en pareille circonstance en souvenir de l'heureuse délivrance que le ciel accorda à une reine de France grâce à l'intercession de ce saint.

5. *La Font-Close*. On s'y rendait en foule dans les temps de grande sécheresse, en ordre de procession probablement, ce qui lui a fait donner le nom de fontaine processionnelle (2).

Cette source était l'objet de certaines cérémonies, comme la fontaine de Ste-Sabine à Vésone (3) Ce concours avait lieu le jour de St-Jean et quoique tombé en désuétude aujourd'hui, il a donné lieu à la frairie actuelle (4).

6. *La fontaine de l'Amour*. Une autre fontaine située sur la route de Nontron à quelques pas du bourg était également un lieu de rendez-vous. Voici comment M. Taillefer raconte ce qui s'y passait : « Il existe dans l'arrondissement de Nontron, canton de Thiviers, près du bourg de St-Jean-de-Côle, une jolie source que l'on nomme *la fontaine de l'Amour*. Elle est au bas d'un rocher appelé *Peymerlier*, dont le plateau est fort uni et couvert de mousse. Le jour de Pâques (5), toute la jeunesse des deux sexes se rend en cérémonie à cette fontaine, suivant l'antique usage. Ensuite elle monte sur le plateau, y folâtre, y danse et y prend ses repas jusqu'au soir. Si les jeunes filles hésitent d'y aller, leurs mères les y encouragent, avec d'autant

---

(1). Taillefer. T. 1. P. 253.
(2). De Laug. *Bulletin arch.*
(3). *Antiq. de Vesone*. T. 1. p. 251.
(4). *Bullet. Arch.*
(5). C'est au jour de Pâques, que cette fête de l'équinoxe du printemps a été remise. (Note de M. Taillefer).

plus de sécurité que du village, on les voit parfaitement. Les bonnes femmes sont pourtant persuadés que si leurs filles sont sages ce jour-là, elles le seront tout le reste de leur vie (1). » Cet usage existait probablement encore à l'époque où M. Taillefer écrivait, en 1821; quoi qu'il en soit, il a cessé d'être en vigueur aujourd'hui.

7. *Le feu de St-Jean.* Il se fait au milieu de la place publique, la veille de la fête de saint Jean-Baptiste, le 23 juin. Chaque particulier doit fournir au moins un fagot pour former le bûcher. Après le son de l'*angelus*, le soir, on se rend en procession pour en faire la bénédiction solennelle. Les cérémonies prescrites en pareille circonstance terminées, le prêtre met lui-même le feu au bûcher et se retire avec ses ministres. Alors commencent les joyeux ébats usités partout à cette occasion. Les moissonneurs se garderont bien de se retirer sans avoir eu soin de tourner le dos au foyer, afin que la chaleur du feu de St-Jean puisse les préserver des maux de reins durant les laborieux travaux de la moisson, tandis que d'autres déroberont adroitement quelque tison pour l'allumer au moment de l'orage.

8. *Le tombeau de Geoffroy de Lamarthonie.* Situé dans une des chapelles latérales de l'église, ce monument était devenu de la part des habitants de St-Jean et des environs, l'objet d'une foule de pratiques plus ou moins superstitieuses. On roulait les enfants sur la pierre qui recouvrait ce tombeau, pour les délivrer des maladies ou autres indispositions inhérentes à leur âge. On a vu même des adultes suivre cet exemple. C'était un abus qui ne pouvait que tourner au détriment de la décence requise dans la maison du Seigneur.

(1). *Antiq. de Vésone* T. 1 p. 253,

C'est pour ce motif que l'on fit clore, il y a quelques années, l'entrée de ce monument funéraire, ce qui a complètement proscrit la coutume susdite.

La population de St-Jean-de-Côle partage tous les préjugés et superstitions répandus dans le Périgord. Nous ne croyons pas qu'il soit utile d'en faire ici une mention spéciale. Nous renvoyons à l'ouvrage de M. Taillefer qui a épuisé la matière dans les *Antiquités de Vésone* (1).

(1) T. I, p. 241,

CHAPITRE XI

INSTALLATION DES CHANOINES RÉGULIERS DE L'ORDRE DES PRÉMONTRÉS (27 MAI 1877)

Une pieuse demoiselle de Thiviers possédait à St-Jean-de-Côle une propriété sise au village de Boni. Désireuse de ne s'en dépouiller qu'à la condition d'y voir fleurir une œuvre aussi agréable à Dieu qu'utile au salut des âmes, Mlle Faure (tel était le nom de cette personne, dont la vie s'est passée tout entière à faire le bien), la céda par une vente faite selon toutes les formes requises, à quelques religieux Prémontrés de l'abbaye de St-Michel près Tarascon, en Provence. C'était en 1873. Bien des motifs empêchèrent les nouveaux acquéreurs d'habiter immédiatement leur domaine. Plusieurs années s'écoulèrent et ce ne fut qu'en 1877 qu'une colonie de religieux se détacha de l'abbaye de St-Michel pour venir s'implanter en Périgord et doter ainsi ce pays sur le sol duquel florissaient déjà de nombreuses congrégations, d'un nouveau corps religieux. Le 27 mai, la paroisse de St-Jean-de-Côle assistait à l'une de ces touchantes cérémonies que l'histoire d'un pays doit soigneusement enregistrer dans ses annales. Mgr Dabert, évêque de Périgueux et de Sarlat, rehaussait de sa présence l'éclat de cette fête locale et procédait lui-même à l'installation des premiers disciples de saint Norbert, que le souffle de la Providence venait transplanter à l'ombre de ce vieux temple byzantin, gloire du Périgord, élevé sur les bords de la Côle par la piété d'un de ses plus illustres prédécesseurs sur le siège de St-Front. Voici en quels termes M. l'abbé Coldefy, curé doyen de Thiviers et depuis évêque de St-Denis de la Réunion, rend compte de cette journée mémorable, dans ses études sur l'ordre de Prémontré.

« Le dimanche, 27 mai, fête de la sainte Trinité, a eu lieu à St-Jean-de-Côle, canton de Thiviers, une double et imposante cérémonie, l'installation des Révérends Pères Prémontrés, chargés du service religieux de la paroisse, et la bénédiction de la première pierre du nouveau monastère et de l'église qu'ils se proposent d'élever sur la propriété de Boni, près Saint-Jean. »

Vers les trois heures, Monseigneur l'évêque de Périgueux et de Sarlat, accompagné de M. Dufourgt, vicaire-général, était reçu à l'entrée du bourg par M. le curé de St-Jean, MM. les archiprêtres de Nontron, de Bergerac et de Ribérac, le clergé du canton, plusieurs curés voisins, le maire de St-Jean, les membres du conseil de fabrique et du conseil municipal et une foule immense de fidèles.

Le Révérendissime Père Edmond, abbé de Notre-Dame de Saint-Michel, le zélé restaurateur des Prémontrés de la primitive observance, avait conduit quatre de ses fils (1), et rehaussait par sa présence la pompe de la cérémonie.

M. Despérière, maire de Saint-Jean, adresse à Mgr une belle allocution, que nous reproduisons, dans la-

---

(1) R. P. Paulin, supérieur; R. P. Milon ; P. Marie-Joseph ; F. Gustave, convers.

quelle il rend un hommage mérité aux vénérables prêtres qui ont dirigé la paroisse, et témoigne sa reconnaissance pour l'honneur qu'il fait aux habitants en venant installer lui-même les révérends Pères Prémontrés, auxquels il promet tout son concours dans la tâche difficile qu'ils auront à remplir, et qui sont destinés à faire revivre dans leur antique église les splendeurs du culte dans ces mêmes lieux sanctifiés autrefois par les prières et les vertus de fervents religieux.

« Monseigneur,

« C'est une brillante fête pour des fidèles de recevoir au milieu d'eux le représentant du Christ ; mais quelle ne doit pas être notre joie en songeant que Votre Grandeur a daigné jeter les yeux sur notre commune pour y établir une forteresse contre l'impiété !

« Tout en rendant un hommage mérité au dévouement des respectables prêtres qui se sont succédés dans cette paroisse, nous sommes très reconnaissants à Votre Grandeur de l'honneur qu'elle nous fait, en venant elle-même installer comme curé un des Révérends Pères Prémontrés. L'immense concours qui se presse autour de Votre Grandeur et des révérends Pères vous est une preuve manifeste, Monseigneur, de la sympathie qu'inspire leur présence et du respect dont ils seront entourés.

« Nous les favoriserons de notre mieux dans la tâche difficile qu'ils auront à remplir au milieu de nous, car nous n'ignorons pas que notre antique église, dont nous sommes si fiers, nous la devons à des religieux qui jadis ont sanctifié ces lieux par leurs prières et leurs vertus. Jugeant de l'avenir par le passé, nous la voyons, avec l'aide de Dieu, votre protection, la générosité de la pieuse fondatrice, le zèle incomparable du révérendissime Père Abbé, reprendre son ancienne splendeur ; nous entendons déjà sa voûte résonner sous l'éloquente parole du pasteur que vous nous avez choisi, et nous voyons l'auditoire attentif et charmé remercier du fond du cœur son évêque vénéré.

« Monseigneur, heureux ce jour où le chef du diocèse vient poser et bénir la première pierre d'un couvent d'où sortira toute une armée de zélés défenseurs de la religion qui promèneront partout le drapeau sacré de la vérité ! »

Après la réponse de Sa Grandeur, qui remercie le maire des paroles chrétiennes qu'il vient de lui adresser, la procession se rend à l'église en chantant le *Magnificat*, et traverse des rues ornées de guirlandes, de feuillages et d'élégantes couronnes.

A l'église, magnifiquement décorée, M. le curé exprime à Sa Grandeur les divers sentiments qui remplissent son âme. Monseigneur, après avoir félicité le zélé pasteur, laisse déborder, dans quelques paroles éloquentes et paternelles, le bonheur qu'il éprouve d'établir dans son diocèse les dignes fils de saint Norbert, et leur confie la direction de la paroisse. Et puis, s'adressant aux habitants de Saint-Jean : « Il arrive
« parfois dans une famille, leur dit-il, que les parents,
« tout en aimant d'une tendre affection tous leurs
« enfants, montrent un amour de prédilection pour
« quelques-uns d'entre eux ; de même aussi le Dieu qui
« chérit tous les hommes a souvent ses préférences
« particulières, ses âmes privilégiées qu'il se choisit
« pour opérer les plus grandes choses. Heureux habi-
« tants de Saint-Jean, n'êtes-vous pas une preuve de
« cette faveur singulière de la part de votre Dieu ?
« Vous allez voir se renouer la chaîne interrompue
« de votre glorieux passé. Vos ancêtres ont eu l'in-

« comparable avantage d'être dirigés, durant plusieurs
« siècles, par de pieux et savants religieux, les cha-
« noines réguliers de Sainte-Geneviève. Après une
« interruption de trois quarts de siècle, un ordre
« illustre qui a rendu des services éminents à la sainte
« Eglise vient s'établir au milieu de vous pour tra-
« vailler à la sanctification de vos âmes. Rendez-vous
« dignes des grâces qu'il plaît à Dieu de vous accor-
« der, et remerciez aussi la pieuse bienfaitrice du don
« généreux qui nous fournit le précieux avantage
« d'établir une si belle œuvre au milieu de vous.
« Le bien qui se fera dans cette paroisse rejaillira,
« j'en suis certain, sur mon vaste diocèse et y pro-
« duira les fruits les plus abondants. »

Monseigneur a procédé ensuite à l'installation du Révérendissime Père Edmond, représentant les religieux ; puis on s'est rendu processionnellement, au chant des psaumes et des litanies de la Sainte Vierge, au lieu désigné pour les futures constructions du monastère et de l'église dédiés au Sacré-Cœur de Jésus et à Notre-Dame de la Salette, réconciliatrice des pécheurs (1). C'est là que Sa Grandeur a prononcé un admirable discours devant cette foule recueillie qui se pressait tout autour. Nous n'entreprendrons

(1) L'ordre des Prémontrés est la septième corporation religieuse de prêtres établie dans le diocèse de Périgueux et de Sarlat. A Monseigneur George, d'heureuse et sainte mémoire, est dû l'appel des Jésuites à Sarlat, des Capucins à Périgueux, des Chartreux à Vauclaire ; à notre infatigable et vénéré prélat, celui des Jésuites au grand séminaire, des Basiliens à l'école cléricale, des Lazaristes à Périgueux et à Cadouin, auxquels est confiée, dans cette dernière petite ville, la garde de l'insigne relique du Saint-Suaire, des Trappistes à Echourgnac, et, enfin, des Prémontrés à St-Jean-de-Côle.

Heureux les diocèses qui ont des prélats si zélés, qui mettent s bien à profit tous les moyens pour la sanctification des âmes ! Heureux les prêtres, heureux les fidèles qui entourent de leurs respects ces congrégations religieuses, et qui viennent en aide à leur Évêque dans des entreprises si saintes et si utiles !

pas d'analyser ces belles pages ; elles doivent être lues en entier, et resteront comme un monument de l'insigne faveur que la Providence accorde à la paroisse de Saint-Jean-de-Côle en lui donnant des religieux qui feront revivre la splendeur du culte dans son antique église.

Discours de Monseigneur Dabert,
évêque de Périgueux.

Fête de la Sainte-Trinité, 27 mai 1877.

« *Elegi hunc locum mihi in domum sacrificii.* »
« Je me suis choisi ce lieu comme une maison de sacrifice. »
II, Paralip. VII, 12.

I

Mes frères,

C'est une loi du gouvernement divin que chaque homme apporte en naissant une mission qui sera l'emploi de sa vie. Déterminée ordinairement par les aptitudes de nature, les influences d'éducation, les convenances de famille ou de position sociale, cette mission est admise parfois à l'honneur d'une révélation surnaturelle. Quand Dieu, dans une pensée de miséricorde ou de justice, a formé un dessein, il se choisit, et, à son heure, il appelle un homme pour l'accomplir. Les exemples abondent : « Samuël ! Samuël ! » — « Me voici, parce que vous m'avez appelé (1). » — Et Samuël, à son tour, est envoyé à la maison qui abrite le successeur de Saül. Isaïe lui présente ses sept fils : « Le

1) Reg. III, 6-9.

Seigneur ne l'a pas choisi, répond-il, de chacun d'eux, *non hunc elegit Dominus* (1). Le plus jeune fils était absent ; on l'amène au prophète : « C'est lui, *ipse est.* » et le prophète oint David roi d'Israël (2). — Et David pense en son cœur à bâtir une maison à Dieu : « Tu as bien fait, « *benè fecisti*, lui dit le Seigneur ; cepen-
« dant ce n'est pas toi qui me bâtiras une maison, ce
« sera ton fils, *sed filius tuus qui egredietur à renibus*
« *tuis* (3).

La prédestination de l'homme en amène une autre comme conséquence, la prédestination du lieu. C'est à Salomon que reviendra la gloire d'édifier au Seigneur « la maison du sacrifice » ; mais il ne l'édifiera, lui aussi, que sur le lieu choisi par le Seigneur : « *Elegi hunc locum in domum sacrificii.* » Ce lieu, où s'élèvera cette première maison du sacrifice, il plaît au Seigneur qu'il soit unique dans la Judée, unique dans le monde Plus tard, sous la loi de grâce, la maison du sacrifice pourra s'élever en toute contrée ; mais alors même, le sol qui devra la porter sera toujours — ce qui est encore le choix de Dieu — séparé de la terre profane par la loi et la bénédiction de l'Église.

Ainsi, hommes et lieux se répondent dans les prévisions de l'éternité et dans la trame du temps, pour se répondre ensuite dans tous les échos de l'histoire.

II

Or, cette loi providentielle dont je viens d'emprunter d'éclatantes manifestations à nos livres saints, descend aussi à de plus humbles détails, et j'en vois ici même, et, à l'occasion de cette joyeuse fête, je vou-

---

(1) Ibid. XVI, 8.
(2) Ibid. 12.
(3) Reg. VIII. 18-9.

drais en montrer une féconde et miséricordieuse application.

Oui, mes frères, le sol où nous nous trouvons est un lieu prédestiné, un lieu dont le Seigneur a dit : « Je « me le suis choisi comme une maison de sacrifice, » « *Elegi hunc locum mihi in domum sacrificii.* » Il se l'est choisi par l'inspiration même de le lui consacrer qu'il a mise au cœur de votre pieuse bienfaitrice : « *Elegi hunc locum* ; » et, en lui inspirant encore de le lui consacrer entre les mains des nouveaux enfants de saint Norbert, il se l'est choisi très spécialement comme une maison de sacrifice : « *in domum sacrificii.* »

Mais ici s'ouvre devant nous le domaine de l'histoire. La modeste paroisse de Saint-Jean-de-Côle a le rare privilège d'avoir inscrit une date dans les annales de ce diocèse. Passant donc par la pensée de l'étroite enceinte de cette propriété au centre même de vos habitations, je remonte le cours des âges, et que rencontré-je ? A la distance de huit siècles, je rencontre un homme, un évêque choisi, appelé de Dieu, et qui, répondant à son appel, dote votre modeste paroisse d'un monastère et de ce beau sanctuaire qui abrite encore vos prières malgré les atteintes du temps. Plaçons ce fait dans tout son jour historique.

III

La vie commune dans le clergé a de tout temps été regardée par les souverains pontifes et les conciles comme un des plus fermes soutiens de la discipline ecclésiastique. C'est, en effet, la vie de famille à son degré le plus parfait, où chacun doit s'inspirer des sentiments d'abnégation, de patience, de charité, qui sont l'âme du christianisme. Ainsi avaient vécu les apôtres, et après eux les Athanase, les Eusèbe de Verceil et d'autres saints évêques des premiers siècles. Le grand docteur d'Hippone avait fait de sa maison épiscopale un monastère, et de ses prêtres une communauté dont il s'était fait lui-même le législateur. La règle de saint Augustin, dont les grands fondateurs d'ordres s'inspireront dans la composition de leurs constitutions monastiques, donne aussi naissance à des communautés composées de peu de membres, indépendantes les unes des autres, mais confondues sous l'unique dénomination de chapitres réguliers. Ces familles religieuses se multiplient dans le moyen-âge, et le but de leur institution, auquel, il faut le dire, elles ne furent pas toutes constamment fidèles, était de faire contre-poids à tant d'éléments qui conspiraient à la même époque contre la vigueur de la discipline ecclésiastique.

Eh bien, c'est à ce mouvement de salutaire réaction que se rattache la fondation qui a valu à Saint-Jean-de-Côle l'honneur d'inscrire son nom dans nos annales religieuses.

IV

Ici, mes frères, se détache du glorieux catalogue de mes prédécesseurs un nom que je suis heureux et fier de proclamer pour la troisième fois, le nom de Raynaud de Thiviers, qui, pendant dix-huit ans, de 1081 à 1099, occupa le siège de St-Front ; Raynaud de Thiviers, évêque au cœur vaillant, né pour d'héroïques dévouements, qui, à la voix du pape Urbain II, conduit en Orient, dans la première croisade, une phalange de ses prêtres unie à l'élite des seigneurs du pays, et qui meurt devant Antioche pendant une sanglante bataille, mortellement frappé par le fer de l'infidèle, à l'autel même, où il a ainsi la gloire de mêler son sang au sang de l'Agneau sans tache qui s'immole entre ses mains (1).

Or, c'est en lui, c'est dans la personne de cet évêque martyr, que Dieu avait choisi tout à la fois et l'auteur et le lieu de votre fondation. Votre territoire appartenait, on peut le croire, à sa noble famille ; et ce que l'histoire affirme, c'est que le monastère et l'église sont dus à ces libéralités. Le monastère était simple et modeste, mais son église, à la grande coupole, qui recevra bientôt, nous l'espérons, une restauration ardemment désirée, il suffit à sa louange que Félix de Verneilh l'ait jugée digne de soutenir, par son importance architecturale, le voisinage de notre incomparable Saint-Front (2).

V

En construisant ce magnifique sanctuaire, l'évêque de Périgueux s'inspirait de la fin que devraient se proposer, en vertu de leur institution même, les chanoines réguliers appelés à le desservir. Leurs attributions n'exceptaient aucune des fonctions du ministère sacerdotal, aucune œuvre de zèle et de charité ; et de fait, à peine sont-ils installés, qu'ils se livrent au soin des âmes, à l'instruction de la jeunesse, au soulagement des pauvres et des malades. Mais la décoration de la maison de Dieu, la psalmodie quotidienne, la célébration solennelle des offices liturgiques, tenaient le premier rang dans l'emploi de leurs journées, comme dans l'ordre de leurs devoirs.

Le chapitre conventuel de Saint-Jean se composait, à l'origine, de seize membres résidents ; mais ce nom-

(1) *L'Estat de l'Eglise du Périgord,* par le P. Dupuy, tom. II, pag. 25.

(2) *L'Architecture byzantine en France,* pag. 193 et suiv.

bre dut s'accroître rapidement, puisque peu de temps après sa fondation, nous le voyons établir une colonie à Périgueux, dans une résidence déjà consacrée par la prière, dont mon ministère m'appelait, il y a trois ans, à raconter aussi les gloires religieuses. Le chapitre de Saint-Jean a traversé les siècles, en éprouvant sans doute des fortunes diverses. L'histoire les ignore. Elle le retrouve au seuil de la Révolution française, mais dans l'état d'affaiblissement où languissaient à cette époque sinistre beaucoup d'autres communautés. Trois membres lui restent, et ils sont dispersés par la tempête. Dès lors, l'oubli se fait sur les chanoines réguliers de Saint-Jean.

VI

Était-ce l'éternel oubli de la tombe? Pendant trois quarts de siècle, on a pu le croire ; mais la Providence nourrissait d'autres pensées. Vous le voyez à l'heure présente, de cette tombe, la Providence faisait un berceau ?

Oui, mes frères, ces chanoines réguliers que vos pères ont connus, aimés, bénis pendant sept cents ans, les voici qui renaissent sur votre sol prédestiné. Ils renaissent pour rendre au culte divin son antique splendeur ; ils renaissent pour servir les âmes dans la plénitude de leurs antiques attributions ; ils renaissent, mais avec une force, une puissance que les âges écoulés ne leur avaient point connues.

« Mieux vaut être deux ensemble, dit le Sage, que « d'être seul (1). » Seul, un homme est faible ; en société, il devient fort, fort de la force de tous. Or, il en est de même des associations religieuses : leur puis-

---

(1) Eccl. IV, 9.

sance croît avec leur nombre. Isolée et indépendante, votre communauté du passé ne trouvait qu'en elle ses éléments de vie et de durée ; celle que l'avenir vous prépare les puisera à des sources plus fécondes, aux sources d'un des plus grands ordres que l'Église ait produits.

La modeste institution de Saint-Jean, mes révérends Pères, garde néanmoins cet honneur que votre saint ordre soit son contemporain, qu'il soit né des mêmes besoins et pour les mêmes ministères, et qu'il ait reçu le même nom à son baptême. Et moi, de mon côté, je rencontre la chance heureuse de pouvoir lui appliquer, sans m'écarter de l'histoire, le texte sous lequel s'abrite ce discours. Votre ordre ne porte-t-il pas, en effet, dans son fondateur comme dans son berceau, le signe manifeste, éclatant, du choix de Dieu ? Un coup de foudre lui donne saint Norbert : « *ait Dominus : ipse est* ; » une révélation lui donne Prémontré : « *elegi hunc locum mihi.* » Double présage de ses grandes destinées.

VII

Il est beau de suivre dans l'histoire son magnifique déploiement. De Prémontré, qui en est le point de départ, et qui en restera le siège, il se répand avec une rapidité merveilleuse en Allemagne, en France, dans toutes les contrées de l'Europe, où il pourra compter jusqu'à deux mille monastères. Pendant six siècles, il offrira un large tribut aux sciences et aux lettres, à la propagation de la foi, à la conduite des diocèses, au gouvernement général de l'Église, aux annales de la sainteté. Et à toutes ces gloires, il plaira à la Providence d'en ajouter une plus rare, la gloire de la paternité. Du sein de votre ordre sortiront, comme les branches de l'arbre, plusieurs grandes familles religieuses, et de toutes la plus illustre, la famille de saint Dominique.

Rien d'étonnant, mes frères, que le grand ordre de Prémontré en vienne à subir, sous l'action du temps et des évènements, cette loi d'instabilité qui n'a ordre de ne respecter en ce monde que la sainte Église. La foi reconnaissante lui offre la richesse. Son austère discipline résiste pendant un siècle et demi à ses séductions ; puis elle compose avec elles ; l'observance régulière faiblit, et il faudra que l'autorité pontificale intervienne pour la retenir sur la pente qui l'eût conduit à l'abîme. Dans cette situation, le temps s'écoule et l'heure arrive où la Providence permet au génie de l'hérésie de se déchaîner sur l'Angleterre, l'Allemagne et les pays voisins. Les monastères de Prémontré, nombreux en toutes ces contrées, sont ensevelis avec beaucoup d'autres dans une ruine commune; et en France, où l'hérésie n'a pu s'établir, la tourmente révolutionnaire accomplit la même œuvre de destruction.

Mais que dis-je, l'œuvre de destruction. Rien ne peut être détruit de ce qui est une fois sorti du cœur de l'Église. Voués à la pratique de ses conseils évangéliques, les ordres religieux en reçoivent une sève qui les rend participants de son immortalité. Vous avez démoli leurs demeures, dispersé leurs membres, et, promenant un regard satisfait sur la terre couverte de leurs ruines, rougie peut-être de leur sang, vous avez dit : C'est fini, ils ne reviendront plus... Erreur ! Ils reviendront. Ils ont disparu, mais pour se montrer encore : semblables à ces courants d'eau de notre beau Périgord, qui, après avoir arrosé la surface du sol, se dérobent sous les rochers, pour reparaître à d'autres rivages. Un temps donc et peut-être encore un temps, et de ces cendres que vous croyiez à jamais refroidies, ils renaîtront dans la force de l'éclat d'une jeunesse renouvelée.

A vous la gloire, mon très-révérend Père, d'avoir été choisi de Dieu pour rendre à notre France catholique le grand ordre de Prémontré ; et à vous encore le saint courage de le lui avoir rendu, nonobstant le sensualisme du siècle, dans l'austère beauté de sa primitive observance. Sous l'admirable règle de saint Augustin, saint Norbert avait su allier les sévérités du cloître aux fonctions du sacerdoce ; il avait uni le moine et le prêtre dans ses disciples, leur donnant encore pour signalement propre devant l'Église et devant le monde ces trois caractères : le zèle du culte divin, l'amendement de la vie, le soin des pauvres. Et cette œuvre sainte, c'était vous, mon Père, vous successeur en ligne directe du saint fondateur, c'est vous qui l'avez relevée de vos mains filiales et rendue à la vie sous la bénédiction du Vicaire de Jésus-Christ. Avec les effusions de la charité sont accourues à votre appel les âmes vaillantes. Après quelques années, un magnifique sanctuaire voyait revivre sous ses voûtes les antiques solennités de Prémontré, et son glorieux patriarche, du haut du ciel, pouvait reconnaître, dans la communauté de Saint-Michel, une nouvelle famille digne de lui.

Gloire à Dieu, mes Frères, qui a daigné nous admettre à prendre part aux prémices de cette prospérité naissante ! Reconnaissance et récompense éternelle à la généreuse chrétienne et au vénérable Père qu'une même inspiration de dévouement porte à doter notre diocèse d'une nouvelle et vaillante milice, disposée à tous les dévouements de l'apostolat. Et puisse la bénédiction que nous allons répandre sur la pierre angulaire de ce nouveau monastère le soustraire à jamais aux atteintes du temps et des révolutions.

Après la bénédiction de la première pierre et la lecture de l'acte de fondation (1) qui a été signé par Sa Grandeur, le Révérendissime Père abbé, le clergé, le maire de Saint-Jean, etc., Monseigneur l'évêque et le révérend Père abbé ont donné ensemble la bénédiction sur cette grande affluence, parmi laquelle figuraient, en grand nombre, les habitants de Thiviers.

Ainsi s'est terminée cette mémorable journée, qui sera la date d'une ère nouvelle de réparation et de salut pour le diocèse et spécialement pour l'arrondissement de Nontron.

(1) V. Appendice VI.

CHAPITRE XII

NOTICE SUR LES CHANOINES RÉGULIERS DE L'ORDRE DE PRÉMONTRÉ

S. Norbert. — Sa naissance. — Sa conversion. — Il fonde l'ordre de Prémontré. — Le Saint-Siège approuve l'œuvre de S. Norbert. — Merveilleux développement de cet ordre. — Le tiers-ordre. — Diverses réformes.

L'installation des religieux Prémontrés dans la paroisse de Saint-Jean-de-Côle a porté au nombre de trois les congrégations qui ont successivement desservi l'église fondée par Raynaud de Thiviers à la fin du XIe siècle. Chose remarquable ! ces trois congrégations tout en reconnaissant pour fondateur des personnages différents, tout en se trouvant en divergence entre elles quant à leurs us et coutumes, ont cependant puisé à la même source le principe de leur gloire, dans la règle de l'illustre évêque d'Hippone. Les Augustins, les Génovéfains aussi bien que les Prémontrés n'ont reçu d'autre mission que de faire fleurir dans la sainte Église de Dieu les pures traditions de l'ordre canonial. Puisque le cours de notre sujet nous a fourni l'occasion de donner quelques détails sur les deux premières catégories de chanoines réguliers, nous ne pouvons nous dispenser de consacrer un chapitre spécial à l'ordre qui se glorifie d'avoir pour fondateur le grand S. Norbert, archevêque de Magdebourg.

Norbert naquit vers l'an 1080 à Santen, petite ville du duché de Clèves. Héribert, comte de Genep et Edwige, son épouse, alliés aux plus nobles familles de l'Allemagne, tels furent les noms des heureux parents qui donnèrent le jour à celui qui devait être le fondateur d'un ordre célèbre. Une voix céleste vint révéler à la pieuse mère la doctrine de celui qu'elle portait dans son sein maternel : « Réjouis-toi, Hedwige, ton fils sera un grand serviteur de Dieu, un illustre archevêque » (1).

L'Eglise traversait alors de rudes épreuves, la querelle des investitures faisait peser sur elle un véritable joug de fer ; il allait se lever ce XII° siècle qui devait voir plusieurs successeurs de Pierre prendre le chemin de l'exil ! Lorsque notre saint vint au monde, un grand pape gouvernait l'Eglise, c'était Grégoire VII.

Norbert reçut une éducation pieuse. De bonne heure, il voulut s'enrôler dans la milice ecclésiastique par la réception du sous-diaconat. A un extérieur agréable, il joignait les qualités les plus brillantes. Mais le contact perpétuel du monde, une assiduité trop fréquente à la cour de l'empereur d'Allemagne, ne tardèrent pas à développer les germes d'ambition déposés au fond de tout cœur humain. Norbert oublia l'esprit de sa vocation au point que Dieu dut faire intervenir les éléments de la nature pour arrêter le jeune courtisan sur les bords de l'abîme.

Un jour, monté sur un cheval fringant, Norbert allait à une partie de chasse. Un page l'accompagnait.

---

(1) Hertog. *Vita S. Norb.* p. 2. — Hugo, *Vie de S. Norbert*, liv. 1, pag. 2.

Le ciel, serein d'abord, s'obscurcit: de sombres nuages s'amoncellent, les éclairs sillonnent la nue, la foudre éclate aux pieds de Norbert et du coup renverse le cheval et le cavalier.

Cette voix qui avait terrassé Paul sur le chemin de Damas fit entendre aux oreilles de Norbert le même reproche qu'autrefois au Docteur des nations : « Pourquoi me persécutes-tu ? Je t'ai donné des biens pour ne les employer qu'à ma gloire et tu en fais l'instrument de ta perte et de celle des autres ! En vain regimbes-tu contre l'aiguillon de ma puissance. » — Seigneur, Seigneur, que voulez-vous que je fasse ? s'écrie Norbert revenu à lui après une heure passée dans la plus vive émotion. — « Fuis le mal, fais le bien, reprend la voix, cherche la paix et poursuis-la de toute l'ardeur de ton âme. »

Dieu triomphe, Norbert est vaincu. Nouveau Saul, il court vers Ananie. C'est sous la conduite de Conon, abbé d'un monastère de Bénédictins à Sigebert, diocèse de Cologne, que ce converti du tonnerre se prépare à l'ordination sacerdotale.

Le samedi saint de l'année 1115, une foule immense remplissait la cathédrale de Cologne. Les regards se portaient unanimement sur un jeune homme élégamment vêtu et d'un extérieur tout mondain. Le pontife se préparait à faire couler l'huile sainte sur les mains de nombreux lévites formant une couronne autour de lui. La cérémonie commence. Tout à coup l'on voit le gentilhomme dépouiller ses habits somptueux, revêtir une tunique de peau d'agneau, ceindre ses reins d'une corde grossière, recouvrir ces livrées de la pénitence du vêtement sacré de l'ordinand, s'avancer vers l'archevêque et en recevoir, le même jour, par une exception rare, le diaconat et la prêtrise.

Norbert offrit pour la première fois le saint sacrifice avec une ferveur angélique. Le discours qu'il fit pendant cette cérémonie révéla tout ce que la grâce avait produit en lui de merveilleux. Il a été converti comme Paul, comme Paul il ira évangéliser les peuples, convertira un nombre infini d'hérétiques et fera rentrer dans le droit chemin une multitude de pauvres égarés.

Le 25 janvier 1118, Gélase II montait sur le siège de St Pierre, devenu vacant par la mort de Paschal II. La persécution ne ménagea pas plus ce pontife qu'elle n'avait épargné ses prédécesseurs. A peine venait-il de s'asseoir sur le trône pontifical, que Gélase II prenait la route de l'exil. Norbert, voulant faire approuver sa mission par le vicaire de J.-C., se rendit à St-Gilles, petite ville du diocèse de Nîmes, où le pape se trouvait alors. Le souverain pontife l'accueillit avec bonté et lui permit d'annoncer la parole divine partout où l'esprit de Dieu le conduirait.

Nous ne pouvons suivre notre saint patriarche dans ses courses apostoliques. Une partie de la France entendit cette parole éloquente ; la Belgique, la Flandre et d'autres pays lui durent des prodiges de conversion. En 1119, comme le saint prêchait à Orléans, un ecclésiastique se mit à sa suite, mais il n'eut pas la consolation de jouir longtemps de sa présence, car la mort l'enleva peu de temps après.

Le moment était venu où Norbert devait jeter les fondements d'une œuvre destinée à traverser de longs siècles et à braver bien des persécutions. Depuis sa conversion, le fils d'Hedwige méditait le projet de faire revivre les pures traditions canoniales, que les malheurs du temps avaient presque jetées dans l'oubli. Un ordre de chanoines réguliers, dont le but est d'allier les labeurs de la vie active aux douceurs de la vie contemplative, et de payer à Dieu un tribut quotidien de louanges par la récitation solennelle de l'office divin, était plus propre qu'un ordre purement monastique à réaliser les vues de Norbert. C'était en 1119, Calixte venait de succéder à Gélase. Burchard, évêque de Cambrai, se trouvait de passage à Valenciennes ; Norbert s'y rendit pour revoir son ancien ami. Un jeune ecclésiastique, nommé Hugues, natif de Fosse, diocèse de Liége, chapelain de Burchard, fut si frappé du genre de vie de Norbert, qu'il obtint de son évêque de se mettre sous la conduite du saint personnage. Dieu le destinait à devenir le premier disciple de Norbert et la plus solide colonne de l'ordre de Prémontré.

Sur ces entrefaites, un concile se réunit à Reims. Calixte s'y trouvait, et de là, se rendit à Laon. C'est là qu'il vit Norbert, confirma tous les privilèges dont ses successeurs l'avaient comblé, le recommanda à Barthélemy, évêque de cette ville, et engagea vivement le prélat à garder le nouvel apôtre dans son diocèse.

L'évêque de Laon voulait depuis longtemps introduire la réforme dans l'abbaye des chanoines réguliers de St-Martin. Il pria Norbert de travailler à cette œuvre. Mais les efforts du zèle déployé par celui-ci pour remettre en vigueur les traditions canoniales ne furent pas couronnées de succès. Norbert supplia l'évêque de le délivrer de la charge qu'il lui avait imposée et de lui laisser suivre son attrait pour la solitude. Le prélat ne voulant point consentir à se priver du secours de l'homme de Dieu, le conduisit en plusieurs endroits de son diocèse, afin de le laisser se fixer dans le lieu qui serait le plus favorable à ses goûts.

Au fond de la forêt de Coucy, à quelques lieues de la ville de Laon, se trouve un vallon sauvage. On y voyait une petite chapelle dédiée à St Jean-Baptiste ;

c'était la vallée de Prémontré. Barthélemy et Norbert y étant arrivés, celui-ci pria l'évêque de le laisser seul passer la nuit en oraison dans cet oratoire; sa demande fut facilement exaucée. Le lendemain, à la vue du saint évêque, Norbert s'écria : « C'est bien ici le lieu de mon repos et le port de mon salut. » Telle fut l'origine de l'ordre de Prémontré. L'unique soin de Norbert dans cette solitude fut d'établir son œuvre sur des bases solides. Il n'en sortait que pour évangéliser les pays d'alentour, et chacune de ces prédications était un coup de filet qui lui attirait de nombreux disciples.

En peu de temps, le vallon voit s'élever une église magnifique, des cellulles s'établissent autour de la maison, et Norbert a la consolation de voir s'augmenter chaque jour le nombre de ses enfants, tant Dieu répand sur le nouvel institut des flots de bénédictions.

Hugues de Fosse devait initier les nouveaux venus à la pratique des vertus religieuses. Ceux-ci répondaient à ses efforts par une ferveur admirable. A une sévère abstinence on joignait un jeûne continuel, le silence était rigoureux, le sommeil de la nuit interrompu par le chant des louanges de Dieu ; les uns s'adonnaient à l'étude des livres saints, les autres au travail des mains. La vallée de Prémontré voyait refleurir les merveilles de la Thébaïde, la solitude exultait.

Quel habit fallait-il donner aux habitants du désert? Sous quelle règle devaient-ils militer? autant de questions que Norbert s'occupait de résoudre. L'habit de laine et de couleur blanche fut adopté en l'honneur de la Conception immaculée de la Vierge Marie, comme plus en harmonie avec l'esprit et la vocation des chanoines réguliers. Saint Augustin apporta du ciel au saint Patriarche la règle qu'il avait autrefois écrite pour les clercs de son église épiscopale, et dès lors la règle de l'évêque d'Hippone devint la base du genre de vie adopté par l'ordre des chanoines réguliers, fondé dans le vallon de Prémontré.

Ces deux points établis, il s'agissait d'enrôler définitivement les nouveaux athlètes du désert sous la bannière du Docteur africain. Le jour de Noël 1121, Norbert entouré de quarante clercs et d'un nombre au moins égal de laïques, promit, par l'émission solennelle des trois vœux de religion, de mener la vie canoniale, selon l'institution apostolique, si bien développée dans la règle du grand évêque d'Hippone. Cet exemple fut suivi de tous ses compagnons.

A dater de cette époque, Dieu récompensa la ferveur de Norbert et de ses disciples en faisant prospérer d'une manière admirable le nouvel institut, et ce fut un beau spectacle pour Innocent II, lorsque visitant Prémontré, en 1131, dix ans après sa fondation, ce pape trouva cette abbaye forte de près de cinq cents religieux, n'ayant tous qu'un cœur et qu'une âme (1). Cet ordre prit une telle extension, qu'il compta jusqu'à mille abbayes d'hommes, trois cents prévôtés et plusieurs prieurés (2).

Cependant le Saint-Siège s'était contenté d'encourager le zèle de Norbert, il n'avait pas encore sanctionné son œuvre de sa suprême autorité. Mais le moment était arrivé où le nouvel institut devait être approuvé d'une manière solennelle. Le 28 juin 1124, Calixte II, confirmait l'ordre des chanoines réguliers de Prémontré, par l'organe des cardinaux Pierre de Léon et Grégoire de St-Ange.

---

(1) Hugo. *Vie de St Norbert*, l. 4, p. 316.
(2) Holyot. *Dict. des ordres rel.* V. *Prémontrés*, col. 272.

De pieuses femmes voulurent également embrasser le genre de vie dont Norbert était l'auteur. La protection que Dieu accorda à cette nouvelle branche de l'ordre de Prémontré ne fut pas moins féconde. Quinze ans après la fondation du premier couvent de Norbertines, le nombre des religieuses s'élevait à plus de dix mille, réparties en différents endroits de l'Europe (1).

C'est à saint Norbert que l'on doit l'idée de l'établissement du premier tiers-ordre qui ait existé dans l'Eglise. Il l'institua en faveur de Thibaud, comte de Champagne, qui voulut participer aux prières et aux bonnes œuvres des chanoines Prémontrés, tout en servant Dieu dans le monde. Les bénédictions célestes vinrent féconder cette pieuse institution, et le pape Benoît XIV, par un bref du 22 mai 1751, a parfaitement défini les obligations des personnes qui veulent l'embrasser (2).

Norbert n'avait point interrompu ses courses apostoliques, il trouvait en ses disciples de fervents auxiliaires. Leur zèle remporta une éclatante victoire sur l'impie Tanchelin, dont l'infernale hérésie ravageait, depuis le commencement du XII° siècle, une grande partie de l'Allemagne et de la Belgique.

Etre un prédicateur illustre, avoir doté l'Eglise d'une nouvelle famille (3), ne devait pas constituer les seuls titres glorieux de Norbert. Dieu réservait encore à son serviteur le gouvernement d'une des premières églises de Germanie. En 1126, le siège métropolitain de Magdebourg était devenu vacant; des envoyés de cette église firent de telles instances auprès de Norbert, que le saint vit clairement la manifestation de la

---

(1) Darras. *Hist. eccl.* T. XXVI, p. 258.
(2) P. God. Madelaine. *Manuel du Tiers-Ordre de St Norbert*, p. 49.
(3) *Brev. Rom.* 6 juin.

volonté divine ; refuser la dignité épiscopale, c'eût été se révolter contre les desseins de la Providence. Ses nouvelles fonctions ne lui firent point oublier les devoirs de sa vocation religieuse. Persécuté comme tous les saints, il revendiqua hautement les droits de l'Eglise, édifia le peuple qui lui avait été confié, établit la discipline ecclésiastique dans son clergé et mourut de la mort des justes, le 6 juin 1134, à l'âge de 54 ans, si l'on fixe sa naissance en 1080, suivant quelques auteurs (1). Grégoire XIII l'inscrivit au catalogue des Saints, en 1582, et Urbain VIII fixa sa fête au 6 juin, en 1643.

En établissant son ordre, saint Norbert s'est proposé au XIIe siècle le même but que St Augustin au Ve, remettre en vigueur la forme canoniale instituée par les apôtres, au commencement de l'Église. On voit dès lors aisément quelle union étroite existe pour les chanoines réguliers entre les fonctions de la vie cléricale et les observances de la vie claustrale. Annoncer la parole de Dieu aux populations des villes, évangéliser les pauvres au sein des campagnes, vaquer au ministère pastoral dans les paroisses, telles furent les pieuses occupations des fils de Norbert dès les premières années de la fondation de Prémontré.

Les labeurs de la vie apostolique n'interrompaient point la divine psalmodie dans la solitude, car, bien que la récitation solennelle de l'office divin ne soit pas le but de l'ordre de Prémontré, elle est néanmoins la première obligation de l'ordre canonial.

Cent ans à peine après la mort du fondateur de Prémontré, le pape Innocent IV, en 1245, tenta de ramener les religieux de St Norbert à l'observance des règles primitives de leur institut. Grégoire XIII, en

---

(1) Hugo *Vie de St Norbert*, l. IV, p. 335.

1576, établit sur de solides bases la célèbre réforme, dite d'Espagne. Au XVIIᵉ siècle, on voit surgir la réforme de Lorraine, dont l'infatigable promoteur fut le docte Servais de Lairvelz.

A l'époque de la Révolution, l'ordre de Prémontré comptait encore en France de nombreuses abbayes. Elles partagèrent le sort des monuments de ce genre ; tout fut pillé, saccagé, vendu par des bandes sauvages; mais l'œuvre de St Norbert n'était pas détruite. Elle devait reparaître en plein XIXᵉ siècle sur le sol de notre patrie, grâce au zèle du R. P. Edmond qui, en 1858, vint planter sur un rocher de Provence le drapeau de l'archevêque de Magdebourg. Cette branche de l'ordre de Prémontré formait à l'époque de l'exécution des décrets, en novembre 1880, trois maisons : le monastère de St-Michel, près Tarascon (Bouches-du-Rhône), érigé en abbaye par Pie IX, en 1869 ; celui de Conques (Aveyron) et celui de Saint-Jean-de-Côle (Dordogne). On sait comment ces décrets iniques ont été appliqués à l'abbaye de St-Michel. Le blocus de Frigolet a suffisamment retenti dans le monde. Si la maison de Conques, comme celles des autres congrégations de ce département, n'a point vu disperser ses membres, celle de St-Jean-de-Côle devait être à son heure, le théâtre d'un exploit seul digne d'un gouvernement de crocheteurs.

CHAPITRE XIII

NOTICE BIOGRAPHIQUE SUR MADEMOISELLE FAURE

Le lundi, 9 février 1880, la petite cité de Thiviers (Dordogne) faisait une grande perte; une belle existence venait de s'éteindre : Mlle Augustine Faure, dont le nom est synonyme de générosité chrétienne, rendait sa belle âme à Dieu. Nos lecteurs nous sauront gré de leur faire connaître la vie admirable de celle qui sut faire un si noble usage de sa fortune. Puisse un si bel exemple faire surgir de nombreux imitateurs dans ce siècle d'égoïsme et de bien-être matériel !

Mlle Faure naquit à Thiviers, le 2 février 1826, jour de la Purification de Notre-Dame; Thérèse et Augustine, tels furent les noms que ses pieux parents lui donnèrent au baptême. Il semble qu'une si belle existence ne pouvait être mieux placée que sous le patronage de la sainte réformatrice du Carmel, dont elle devait être une si fidèle imitatrice. Les occupations paternelles dans une étude de notaire réservèrent à la mère de notre défunte tout le soin de sa fille unique ; aussi, à l'école d'une mère si pieuse, ne pouvait-elle faire que de rapides progrès dans les voies de la vertu.

D'une intelligence précoce et élevée, elle se forma

une piété éclairée par la lecture de tout ce que notre littérature catholique a produit de plus pur ; ce n'était point dans ces brochures à l'ordre du jour, si répandues et si superficielles en fait de science religieuse qu'elle allait puiser ; elle préférait les ouvrages d'une doctrine sûre et profonde, tels que ceux de Bossuet, de Fénelon, les *Études philosophiques* de M. Auguste Nicolas, et au moment où la mort est venue la surprendre, elle lisait encore la vie de M. de Rancé, par M. Dubois.

Sa mémoire fidèle lui permettait de garder longtemps le souvenir de ses lectures et d'intéresser ceux auxquels elle pouvait en faire partager le fruit.

Une âme si pure n'était point faite pour le monde, aussi voulut-elle le quitter pour aller ensevelir ses jours dans un ordre des plus austères. Ce fut à la porte des Chartreuses de Voiron, dans le diocèse de Grenoble, qu'elle alla frapper. Elle y demeura quelque temps, mais sa faible santé ne lui permettant pas de continuer ce genre de vie, sur les conseils de la supérieure du couvent, elle revint à Thiviers. Avant d'entrer au noviciat, Mlle Faure avait pris à la lettre la parole du Sauveur : « *Si vous voulez être parfait, vendez ce que vous possédez, et donnez-en le prix aux pauvres.* » Elle avait distribué toute sa fortune en bonnes œuvres ; aussi fut elle obligée, à son retour de Voiron, de louer à ses nouveaux propriétaires, une partie de la maison paternelle.

Les bonnes œuvres que Mlle Faure a faites sont trop nombreuses pour les passer tout à fait sous silence.

La première est l'*Œuvre de charité* de Thiviers ; c'était l'œuvre des pauvres. Madame Faure en fut l'organisatrice, en 1848, et la présida jusqu'à sa mort. Sa pieuse fille hérita de l'œuvre maternelle, et, de concert avec d'autres âmes dévouées, bien des malheureux ont vu leurs misères soulagées, grâce au zèle ardent des personnes charitables qui dirigeaient cette œuvre.

En second lieu, venaient les œuvres paroissiales. On peut dire que Mlle Faure en était l'âme. Présidente de la Congrégation des *Enfants de Marie* de Thiviers, elle ne négligeait rien pour que la ferveur animât chaque membre de cette congrégation, et, joignant l'exemple à la parole, on la voyait toujours la première aux exercices religieux comme autour de la Table sainte. C'est elle qui entretenait encore l'Œuvre du *Rosaire vivant*, du *Culte perpétuel des morts*, du Tiers-Ordre de saint François et du Tiers-Ordre de saint Norbert, dont elle faisait partie depuis quelque temps.

Mais il reste encore trois œuvres capitales, qui ont fait éclater, dans tout son lustre, la générosité de notre défunte. C'est l'Œuvre de *Pierrefiche*, celle du *couvent de St-Paul*, à Thiviers, et enfin, comme couronnement, celle des *Prémontrés* de St-Jean-de-Côle.

A six kilomètres de Thiviers se trouve un hameau, loin de tout centre populeux, inabordable par le défaut de communications, au milieu des grands châtaigniers du Limousin ; c'est Pierrefiche. Là gisait une population qui ne pensait qu'à la culture de ses terres et vivait dans un état complet d'ignorance des choses de Dieu. Rarement le prêtre apparaissait dans ces parages, vu la difficulté des chemins ; aussi l'ignorance régnait-elle en souveraine parmi ces pauvres gens. On ne pouvait laisser plus longtemps cette population sans secours, Mlle Faure le comprit. Grâce au zèle que MM. les curés, qui se sont succédé à Thiviers, ont montré pour faire luire la lumière de la vérité religieuse dans cette partie de leur troupeau, l'autorité diocésaine pensa à ériger une succursale dans ce hameau : il fallait donc nécessairement une église avec tout ce qui est requis pour l'ériger en titre paroissial. La générosité de Mlle Faure trouva là une belle occasion de se manifester ; c'est à elle que l'on doit la chapelle provisoire que l'on y voit aujourd'hui, et qui, par une heureuse transformation, deviendra bientôt, il faut l'espérer, une des plus belles églises du canton de Thiviers.

Mlle Faure voulut plus qu'une simple chapelle : son zèle trouva encore le moyen de faire élever une gracieuse école confiée à des religieuses dépendantes de la maison de St-Paul de Thiviers ; ce fut le commencement de la civilisation de ce pauvre pays ; aujourd'hui ce petit établissement est en pleine prospérité et porte les fruits les plus abondants.

Une belle œuvre manquait encore à Thiviers : c'était un pensionnat religieux où les jeunes personnes de la ville et des environs pussent recevoir une éducation solidement chrétienne. Le Périgord est fécond en ces sortes d'établissements, mais le nord du département en était tout à fait dépourvu.

Aux portes de la ville, Mlle Faure possédait une propriété occupant une des plus belles positions de Thiviers. Elle conçut le dessein d'y faire construire une pension de demoiselles et un orphelinat ; elle s'adressa à la congrégation des Sœurs de Treignac, dans la Corrèze ; son appel fut entendu. C'est sous leur habile direction que fonctionne le couvent de St-Paul, dont la beauté architecturale forme un des plus remarquables monuments de Thiviers.

Cependant une propriété restait encore à Mlle Faure ; cette propriété était située dans la commune de St-Jean-de-Côle, au village de Boni. Notre défunte imagina d'en faire la cession à une communauté religieuse. Ce fut la dernière de ses œuvres en ce monde, mais aussi celle à laquelle elle attachait le plus d'importance. Elle avait toujours rêvé de transformer la maison de campagne de ses pères en un monastère de religieux dont le but serait de porter secours au clergé diocésain. Pour réaliser ses pieux projets, elle s'adressa à plusieurs communautés ; mais Dieu voulait que ce fussent les chanoines prémontrés de la primitive observance qui vinssent occuper la propriété de Boni. Quelles circonstances ont amené cet ordre nouveau dans le Périgord, notre fondatrice le raconte elle-même dans son journal de l'œuvre de Boni ; c'est là qu'avec un soin assidu, elle notait jour par jour les épreuves et les joies de la nouvelle fondation ; laissons-lui la parole :

« Je nourrissais depuis longtemps le projet, écrivait-elle le 2 octobre 1877, de fonder une œuvre dans ma propriété de Boni ; après plusieurs démarches infructueuses auprès de différents ordres religieux, je fis, au mois de mai 1872, un pèlerinage à Notre-Dame-de-la-Salette, afin d'obtenir la grâce de trouver un ordre qui pût accepter ma fondation.

« Peu de temps après mon retour, on me parla de l'ordre des Prémontrés. J'écrivis, le 6 janvier 1873, fête de l'Épiphanie, au Révérendissime Père Edmond, abbé de St-Michel, près Tarascon, et à la date du 15 janvier, le Révérendissime Père me répondit qu'il serait heureux d'accepter mes propositions, s'il était, en mesure de fonder ; que cela lui était impossible pour le moment, mais qu'il pourrait prendre l'engagement de le faire dans un certain nombre d'années. Comme je voulais cette fondation à tout prix, j'acceptai ces conditions. »

Il lui tardait de voir arriver ce jour tant désiré ; ce fut le 27 mai 1877, qu'elle put voir la réalisation de ses vœux ; voici ce qu'elle écrivait à cette date :

« Enfin, les bons Pères Prémontrés ont été installés le 27 mai 1877, fête de la Très-Ste-Trinité, par Mgr l'évêque de Périgueux et de Sarlat, qui leur a confié le service religieux de la paroisse de St-Jean-de-Côle, située à dix minutes de Boni ; les religieux résident, en attendant la construction de leur futur monastère, dans la cure de St-Jean-de-Côle. »

Avec quelle anxieuse attention ne suivait-elle pas les phases diverses par lesquelles toute fondation religieuse doit nécessairement passer ! A chaque instant, elle craignait que l'ennemi ne vînt susciter quelque tempête de nature à mettre en péril l'œuvre qui lui tenait tant au cœur.

« Toutes les œuvres de Dieu, dit-elle dans son journal, sont marquées du signe de la croix. Encore une terrible épreuve. La grêle a dévasté, le 1er juillet 1878, toute la commune de St-Jean, et Boni a été une des propriétés les plus ravagées par le fléau ! »

L'horizon politique n'était pas la moins forte de ses craintes.

« Une des causes de mes incertitudes et de mes perplexités est aussi la crainte, hélas ! trop fondée, de bouleversements politiques, qui anéantiront pour longtemps et pour toujours, peut-être, les projets qui me sont si chers ! »

Jour par jour, notre pieuse défunte inscrivait avec un soin minutieux tout ce qui touchait à la nouvelle fondation ; elle soupirait après le moment où il lui serait donné de voir s'élever, sur le sol de son ancienne propriété, une chapelle dédiée à Notre-Dame-de-la-Salette, autour de laquelle le futur monastère serait construit.

Dieu ne devait pas lui permettre de voir ici-bas la réalisation de ses vœux. Déjà elle avait pu voir une partie de son ancienne maison de campagne de Boni transformée en chapelle ; ce fut le 11 juillet dernier, fête du saint fondateur, qu'eut lieu la bénédiction de ce petit oratoire. Voici comment elle fait elle-même le récit de cette pieuse journée :

« Cet été 1879, les Pères ont fait faire quelques réparations à la maison des colons, et y ont ajouté une petite construction pour l'agrandir. La chambre, qui fait face à la route a été convertie en chapelle. C'était la chambre qu'occupait la famille Faure. Cette petite et modeste chapelle provisoire a été bénite, le 11 juillet, par le R. P. Paulin, supérieur de la communauté et dédiée à Notre-Dame-de-la-Salette. Le R. P. a prononcé une bien touchante allocution ! Après la bénédiction de cet humble oratoire, le saint sacrifice a été offert par le R. P. Basile, prêtre en retraite, oblat et bienfaiteur de l'œuvre ».

Dire les émotions de celle dont le bon Dieu a bien voulu se servir pour poser les fondements de cette œuvre, serait impossible ! Que de souvenirs se rattachaient, dans sa pensée, à ces lieux, maintenant consacrés au service de Dieu ! Aux consolations qu'elle éprouvait, se mêlaient les vives appréhensions que faisaient naître en son âme les temps malheureux où nous vivons.

« Le Saint-Sacrement réside dans la modeste chapelle, et, chaque matin, le saint sacrifice y est offert. Le dimanche, les habitants du village de Boni y viennent, et le R P. Basile leur adresse quelques paroles d'édification.

« Ce jour-là, j'eus encore le bonheur de me faire recevoir du Tiers-Ordre de saint Norbert, après la messe dite dans cette chapelle. C'est le R. P. Paulin qui a fait cette réception ; déjà bon nombre de personnes pieuses de St-Jean-de-Côle sont enrôlées dans ce Tiers-Ordre, le plus ancien de tous, car il a précédé même celui de saint François d'Assise.

« Les habitants du village de Boni aiment les Pères ; puissent-ils ne pas se laisser influencer et égarer par les mauvais propos, les pernicieuses doctrines qui ont cours dans ces temps agités et impies ! »

Mais Dieu avait trouvé sa fidèle servante mûre pour le ciel ; le 28 janvier dernier, elle ressentit une fatigue extraordinaire ; Mlle Faure était frappée à mort : dès ce jour, le mal fit des progrès alarmants. Elle ne tarda pas à comprendre que sa fin était proche ; elle ne cessait de parler du bien qu'elle voudrait faire encore, si Dieu lui prolongeait ses jours. Le souvenir de ses œuvres ne la quittait pas un instant. Tantôt elle exprimait son bonheur à la vue des bénédictions que Dieu avait versées sur elles ; tantôt elle manifestait sa crainte qu'un obstacle imprévu ne vînt en empêcher la réussite. On l'a entendue plusieurs fois s'écrier : « Pourvu que l'on n'inquiète pas les Pères de Boni ! Pourvu que rien ne fasse tomber cette fondation ! »

Le samedi, 7 février, Mlle Faure demanda les derniers sacrements ; elle les reçut avec les marques de la plus sincère piété et dans toute la plénitude de sa connaissance Mais dès ce moment, elle fut abandonnée du peu de forces qui lui restaient, et ce fut le lundi, 9 février, à une heure de l'après-midi, que cette belle âme paraissait devant son Dieu, pour recevoir la couronne qu'elle avait su si bien mériter. Elle était à peine âgée de 54 ans.

La nouvelle de cette mort fut bientôt répandue dans les environs. Les pauvres surtout pleurent leur bienfaitrice, car ils savent toute la grandeur de la perte qu'ils viennent d'éprouver.

Les obsèques de Mlle Faure ont été célébrées dans l'église de Thiviers, le mercredi, 11, jour des Cendres. Mgr l'évêque de Périgueux, n'ayant pu venir lui-même présider la cérémonie, s'est fait représenter par

M. l'abbé Ressès, vicaire-général, ancien curé de Thiviers. Parmi les membres du clergé, on remarquait la présence de M. l'abbé Montet, curé-archiprêtre de Bergerac, ancien curé de Thiviers ; M. le chanoine Boulen et quatre Prémontrés de Saint-Jean-de-Côle.

Avant de procéder aux cérémonies de l'absoute, M. Ressès, vicaire-général, est monté en chaire et a prononcé l'éloge funèbre de la défunte : il a habilement commenté le texte liturgique dont l'Église fait l'application aux vierges : *Hæc est virgo sapiens et una de numero prudentûm.* L'orateur a su faire pénétrer dans l'âme de ses auditeurs la vive émotion qui remplissait la sienne. Nous serions heureux de mettre sous les yeux de nos lecteurs ce magnifique discours, mais les bornes d'un simple article biographique ne peuvent nous le permettre.

A notre tour, nous avons voulu, nous aussi, payer à notre bienfaitrice un tribut de reconnaissance. Le 18 février, un service solennel a été célébré pour le repos de l'âme de notre vénérée défunte, dans l'église de St-Jean-de-Côle. M. le curé de Thiviers, chanoine honoraire de la cathédrale de Périgueux, et depuis promu à la haute dignité de l'épiscopat, avait bien voulu venir joindre ses prières aux nôtres, ainsi que plusieurs prêtres du canton de Thiviers.

Puisse l'admirable générosité de Mlle Thérèse-Augustine Faure, avoir de nombreux imitateurs ! Dans notre siècle d'égoïsme, l'amour du luxe et du bien-être personnel ne laisse que trop dans l'oubli les œuvres de Dieu ! Puisse la lecture de ces lignes susciter des âmes généreuses, qui, faisant un noble emploi des biens que la Providence leur a confiés, amassent, par leurs bonnes œuvres, des trésors éternels !

CHAPITRE XIV

LES PRÉMONTRÉS DE SAINT-JEAN-DE-COLE DEPUIS LEUR INSTALLATION JUSQU'A LA PROMULGATION DES DÉCRETS DU 29 MARS (1877-1880)

Commencement de la communauté de St Jean. — Pauvreté. — Vie régulière. — Office divin. — Epreuves. — Ministère. — L'avenir.

Le lendemain de la belle journée du 27 mai, la petite communauté de St-Jean se trouvait seule au milieu d'un pays inconnu et d'une population qui depuis la Révolution peut-être n'avait revu un costume religieux. Fonder une communauté n'est pas chose facile, et s'il y eut fondation pénible, ce fut bien celle qui vint s'établir en 1877 sur les bords de la Côle. Grandes devaient être les épreuves qui l'attendaient, nombreux les obstacles qu'il lui fallait renverser, mais le courage des enfants de St Norbert, que Dieu venait d'amener en Périgord, ne devait pas se laisser vaincre aussi aisément. En général le peuple est trop porté à croire que les corps religieux disposent d'immenses trésors ; ce préjugé régnait en plein à St-Jean-de Côle, il fallait en triompher. On eut bientôt l'occasion de se convaincre que les immenses trésors des Prémontrès consistaient dans une immense pauvreté, et à cette heure, les gens de bonne foi qui ont pu voir de près la communauté de St-Jean sont à même de revenir de leur erreur.

Ce ne fut qu'à grand' peine qu'à leur arrivée, les Prémontrés purent subvenir aux premières nécessités de la vie. Un ais vermoulu, demeuré longtemps exposé aux injures de l'air, telle fut leur première table ; quelques débris de vieilles caisses, tels furent leurs uniques sièges pendant plusieurs semaines. Cette pauvreté était loin de les inquiéter. « Nous n'oublierons jamais ces premiers jours de notre fondation, disaient-ils plus tard, nous n'avons jamais été si heureux. » Pourquoi ce bonheur au milieu de leurs privations ? Qui donc les soutenait, ces fils de la pauvreté ? Tel était le problème que se posaient les habitants de St-Jean. Ils eussent pu le résoudre en considérant ce phénomène à travers le prisme de la foi.

Si certaines personnes considéraient d'un œil sec le spectacle qu'elles avaient sous les yeux, d'autres ne s'y montrèrent pas insensibles. Dès les premiers jours, elles vinrent offrir leurs secours aux nouveaux arrivés. Nous ne voulons pas blesser leur modestie en dévoilant ici leurs noms, mais nous nous empressons de saisir l'occasion de leur témoigner notre profonde reconnaissance. Grâce à leur pieuse générosité, la nouvelle communauté fut bientôt à même d'avoir le strict nécessaire et de pouvoir mener la vie régulière.

En effet, les exercices de la journée sont définitivement réglés. On se lève dès quatre heures du matin, on psalmodie l'office divin, on vaque au saint exercice de la méditation, on assiste au chapitre des coulpes, puis chacun se livre à ses obédiences particulières jusqu'au dîner qui a lieu vers midi. La soirée n'est pas moins bien divisée. On termine la journée par la belle prière liturgique des Complies que couronne le chant de l'antienne à la Vierge Marie et la récitation traditionnelle des litanies de la Reine du ciel, puis chacun se retire pour prendre son repos, c'est le moment du grand silence. Suivant la prescription de la règle de St Augustin, une lecture instructive est faite durant le repas; pendant que le corps prend la nourriture nécessaire à la réparation de ses forces, la partie supérieure de l'homme n'est point oubliée. Que le temps est ainsi bien employé! Que les journées s'écoulent vite!

Le petit nombre de religieux n'était pas un obstacle à la psalmodie de l'office divin, bien que l'éloignement de l'église ne permît pas d'y réciter toutes les heures canoniales. Chaque soir cependant le son argentin de cette cloche qui avait convoqué durant de si longues années, dans les siècles passés, les chanoines génovéfains au chant des louanges de Dieu, réunissait aussi les fils de St Norbert dans le temple fondé huit siècles auparavant par le pieux Raynaud de Thiviers. De temps à autre, à l'époque des grandes fêtes de l'année, les cérémonies étalaient leurs pompes majestueuses dans l'église de St-Jean et s'accomplissaient selon toutes les rigueurs des prescriptions liturgiques.

Quelques séparations en planches à la hauteur de 1 ^{m}, 50, avaient été établies dans une vaste salle de la maison curiale. L'appartement ne pouvait en recevoir aucune dégradation, on avait pris pour cela les précautions les plus minutieuses. N'importe! ne voilà-t-il pas une belle occasion de se faire bien venir en haut lieu? Vite quelques courtisans de bas étage s'emparent de ce grief, le portent aux pieds de M. le sous-préfet de l'arrondissement pour en faire prompte justice. D'aucun disent que M. le Préfet aurait eu vent de l'affaire et déféré la cause à M. le Ministre!

Pour détacher leur cœur des choses périssables de

ce monde, Dieu ne permet pas que ses élus vivent sans goûter le pain de la tribulation. Les épreuves ne devaient pas être ménagées aux Prémontrés. Chacune des quatre années qu'ils ont passées à St-Jean leur apporte, comme don de joyeux avènement, un fléau particulier. La première, ce sont les débuts toujours pénibles d'une fondation; la seconde recèle dans son sein une grêle terrible qui, le 1er juillet 1878, vient tout ravager; l'année 1879 se ressent des conséquences du fléau précédent et n'amène que de médiocres récoltes ; 1880 fait jaillir ces iniques décrets du 29 mars, suivis de leur odieuse exécution. L'année présente ne s'ouvre pas sous de meilleurs auspices.

L'ordre des chanoines réguliers embrassant toutes les œuvres de zèle, rien d'étonnant que le ministère pastoral obtienne chez eux une large part. Celui qui venait d'échoir aux Prémontrés n'était pas des moins épineux. St-Jean-de-Côle était une paroisse au sein de laquelle certains éléments pernicieux avaient jeté une profonde division ; grâce à Dieu, plusieurs de ces brandons de discorde ont déjà disparu ; il faut espérer que l'épuration ne tardera pas à devenir plus complète dans un temps peu éloigné.

Au mois de mai 1878, le chapitre annuel de la primitive Observance de Prémontré se tint à St-Jean-de-Côle, plusieurs décisions importantes y furent prises.

Si les évènements politiques n'étaient venus entraver le développement de la fondation des Prémontrés, cette maison eût été appelée à rendre de notables services au diocèse de Périgueux. Quelle ressource pour les pays environnants, qu'une communauté religieuse ! N'est-ce pas une richesse pour les petits commerçants que de compter dans leur clientèle une de ces maisons importantes ? St-Jean-de-Côle commençait déjà à s'en convaincre et l'exécution des décrets n'a pas été de nature à faire croître l'actif de certains débitants.

A un autre point de vue, les chanoines prémontrés trouvaient devant eux un vaste champ ouvert à leur zèle. Les humbles fonctions si méritoires, devant Dieu, du ministère paroissial, pour les uns ; la prédication de l'Évangile pour les autres, l'instruction de la jeunesse pour ceux-ci, les travaux intellectuels pour ceux-là ; quelles plus nobles occupations ! N'est-ce pas une gloire pour un pays que l'existence d'un de ces asiles toujours ouverts à l'indigence ? Que de malheureux ne sont pas venus tendre la main aux religieux de St-Jean, leur demandant leur pain quotidien ! L'aumône ne leur a été jamais refusée. C'est l'histoire de toutes les maisons religieuses.

C'en était assez pour attirer sur elle la rage des tyrans du jour. Ils allaient frapper un grand coup et faire disparaître du sol de la France ces congrégations qui avaient répandu tant de bienfaits. Vaincre le mal par le bien, tel était le procédé conseillé par saint Paul ; vaincre le bien par le mal ou du moins le combattre, tel devait être le procédé de ces hommes pervers qui tiennent en main les destinées de notre patrie. L'orage allait frapper à coups redoublés ; la communauté de St-Jean, comme tant d'autres, allait être décimée. Mais un orage n'est que passager, et quoique St-Jean-de-Côle possède plusieurs tyranneaux, jaloux des exploits de nos crocheteurs officiels, cherchant à gagner leurs faveurs en marchant sur leurs traces et voulant parachever leur ouvrage si noblement commencé, les œuvres de Dieu triompheront tôt ou tard de la malveillance haineuse de ces pygmées de village.

CHAPITRE XV

Promulgation des Décrets. — Leur exécution. — Journée du 9 novembre 1880. — Résistance. — Protestation. — Les Prémontrés sont expulsés de Boni. — Accueil fait aux expulsés. — La Presse.

Il est écrit que les œuvres de Dieu doivent être secouées par le vent de la tribulation ; l'heure allait sonner où les ordres religieux devaient resplendir d'un lustre nouveau, où la Révolution allait déchaîner sur le sol de la France une tempête des plus violentes. Depuis longtemps l'horizon s'obscurcissait, le cri de : Guerre à l'Église ! avait retenti comme un coup de foudre : les congrégations religieuses étaient destinées les premières à soutenir le choc de la tourmente et à braver les efforts de la persécution.

L'année 1880 venait de s'ouvrir sous les symptômes les plus alarmants. Elle allait nous faire assister aux scènes hideuses des plus mauvais jours de notre histoire. Deux décrets portant la date du 29 mars, signés de Grévy, président de la République, de Lepère, ministre de l'Intérieur et des Cultes, de Cazot, ministre de la Justice, allaient ouvrir au grand jour l'ère de la persécution. On voulait bien proscrire les congrégations, mais il s'agissait d'emprunter le masque spécieux de la légalité. C'est toujours le procédé de la tyrannie. Parmi les congrégations, les unes étaient *autorisées*, les autres étaient *non autorisées*. La situation des premières était toute de privilège, tandis que les secondes se contentaient du droit commun. C'était un fait acquis pour tout homme de bonne foi. Exister avec la *non reconnaissance légale* n'était pas exister contre la loi. Telle fut néanmoins la doctrine que le Gouvernement émit tout d'un coup, malgré la jurisprudence contraire adoptée dans notre droit civil. « Toute congrégation ou communauté non autorisée, lisait-on dans le texte des décrets, est tenue dans le délai de trois mois, à dater du jour de la promulgation du décret, de faire les diligences ci-dessous spécifiées à l'effet d'obtenir la vérification et l'approbation de ses statuts et règlements et la reconnaissance légale pour chacun de ses établissements actuellement existant de fait. La demande d'autorisation devra, dans le délai ci-dessus imparti, être déposée au secrétariat général de la préfecture de chacun des départements où l'association possède un ou plusieurs établissements. » N'était-ce pas violer d'une manière évidente la liberté de conscience inscrite au frontispice de notre droit public ? Ignorait-on que les membres des congrégations religieuses étaient prêts à tous les sacrifices plutôt que de céder quoi que ce fût des droits imprescriptibles de l'Eglise ?

Cette inique sentence frappait de la façon la plus injuste la majeure partie des communautés religieuses. Les Prémontrés de St-Jean-de-Côle ne pouvaient se soustraire à l'arrêt de proscription ; ils ne l'auraient pas voulu. Comme tous les autres religieux, ils attendaient avec patience une exécution que tout dénotait devoir être des plus violentes. Le terme du délai fixé par les décrets approchant, ils signèrent tous l'énergique protestation suivante, reproduite plus tard par la presse catholique (1) :

« Au moment où les exécuteurs des décrets du 29 mars vont fouler aux pieds nos droits de citoyens et notre liberté de conscience, nous tenons à déclarer, en présence des gens d'honneur encore nombreux sur le sol de la France, que nous protestons de toutes nos forces contre les mesures tyranniques et arbitraires contenues dans les décrets signés par MM. Grévy, Lepère, Cazot, et exécutés par M. Constans, ministre actuel de l'Intérieur et des Cultes.

« Comme tout citoyen français, nous avions le droit de choisir le lieu de notre domicile et la société de notre goût.

« Ce droit, la République de 1880 nous le conteste et nous l'ôte.

« Jusqu'ici l'autorisation du gouvernement n'était qu'un simple privilège ; nous étions donc libres de réclamer les faveurs de l'Etat comme de nous en passer.

« La République de 1880 n'admet pas ce principe ; à ses yeux un privilège est une obligation. Dès lors nous ne devions pas demander l'autorisation, nous ne le pouvions pas.

« Nous avons supporté les charges communes à tous les citoyens.

« La guerre de 1870 a vu plusieurs des nôtres sur les champs de bataille.

« Comme les autres citoyens nous avions des droits acquis ; on nous en prive, et l'on rend sans scrupule à des incendiaires et à des assassins des droits qu'ils avaient perdus.

« Peut-on ignorer que nous avons toujours vécu en dehors de toute politique ?

« Qu'on le sache ! nous ne sommes les adversaires d'aucun gouvernement, quel que soit son nom ; nous ne lui demandons que le respect de la religion et la

1) *Le Monde*, 10 décembre 1880.

sauvegarde de nos droits ; mais tout gouvernement qui osera violer notre liberté de conscience ou nos droits de citoyens, n'obtiendra jamais de nous l'abdication servile de notre dignité chrétienne ou de nos sentiments patriotiques.

« Nous ne reconnaissons à aucune autorité civile le droit de venir nous dicter nos devoirs de conscience.

« Nous suivions des statuts composés par des saints, il y a bientôt huit siècles et approuvés par le Siège Apostolique.

« Le respect que nous leur devions nous aurait fait un crime de les livrer à des mains profanes qui se seraient arrogé le droit de les interpréter, de les morceler ou de les rayer d'un trait de plume. Ces statuts n'affectaient d'ailleurs que notre conscience, et l'expérience de huit cents ans a prouvé suffisamment qu'ils ne renfermaient rien de subversif ni de dangereux pour la patrie.

« Une dernière fois, nous tenons à faire entendre bien haut le cri de la justice opprimée.

« La République de 1880 préfère Barrabas à Jésus ; comme Jésus nous ressusciterons, et dans notre triomphe, notre seule vengeance sera de venir prier sur la tombe qui renfermera les cendres de nos persécuteurs.

« F. PAULIN, *supérieur*.
« F. ALPHONSE, *sous-prieur*.
« F. MILON, *prêtre*.
« F. FÉLIX, *prêtre*.
« F. MARCEL, *diacre*.
« F. GUSTAVE, *convers*. »

L'exécution des Pères de la Compagnie de Jésus, fut la seule hécatombe du 30 juin. L'heure n'avait pas encore sonné pour les autres congrégations, les persécuteurs trouvaient plus opportun de prolonger le supplice en tenant suspendue l'épée de Damoclès sur la tête des corps religieux. Soudain paraît une déclaration ; elle est proposée à la signature des supérieurs généraux des congrégations ; le Saint-Siège et l'épiscopat l'ont approuvée, elle ne contient rien de contraire à la doctrine catholique ; cela suffit, on l'accepte, et pour un moment le calme semble revenu. Mais les ennemis de l'Église n'entendent pas transiger avec elle : les adeptes de la franc-maçonnerie, sentant leur proie leur échapper, ravivent plus fort que jamais le feu de la persécution. Dès les derniers jours de septembre, le gouvernement fait dresser la liste des membres des congrégations appartenant à une nationalité étrangère. C'est le symptôme avant-coureur. Au sujet de cette enquête policière, nous trouvons dans un journal de Périgueux (1) l'entrefilet suivant relatif aux Prémontrés de St-Jean-de-Côle :

« M. le sous-préfet de Nontron brûle de se montrer fidèle exécuteur des hautes œuvres de nos ministres! Le vendredi 1er octobre, le brigadier de gendarmerie de Thiviers s'est présenté à six heures du soir, au nom de M. le sous-préfet de Nontron, chez les Pères Prémontrés de St-Jean-de-Côle, pour s'assurer que la communauté ne possédait aucun membre de nationalité étrangère. »

On pouvait bien se dispenser d'une pareille perquisition : tous les membres de la communauté de St-Jean étaient plus Français que la plupart des promoteurs et des exécuteurs des décrets.

Bientôt il n'y avait plus d'illusion à se faire. Le 16 octobre, les Carmes sont sacrifiés. A la fin du mois et durant la première semaine de novembre, c'est un

---

(1) *Courrier de la Dordogne*, 9 octobre 1880.

redoublement de fureur. Sur tous les points de la France, ce ne sont que serrures crochetées, portes enfoncées, paisibles citoyens mis à la porte de leurs demeures comme de vils malfaiteurs.

Les Prémontrés de Saint-Jean ne doutent pas que le moment décisif ne soit arrivé pour eux ; aussi se préparent-ils vaillamment à la lutte. Chaque matin les feuilles publiques du département contiennent quelque note à leur sujet. Le 3 novembre, on lit dans le *Courrier de la Dordogne* : « Les Prémontrés de St-Jean-de-Côle se sont tous retirés dans leur propriété de Boni, disposés à ne sortir de leur domicile que sur les injonctions de la force. Ils ont, d'ailleurs, pris toutes leurs mesures pour se retirer, après leur expulsion, dans des maisons particulières, tout en poursuivant auprès des tribunaux la revendication de leurs droits. » Le 7 novembre, dans le même journal : « Les Prémontrés de St-Jean-de-Côle s'attendent à chaque moment à recevoir la visite des agents du gouvernement chargés de procéder à leur expulsion. Pour prévenir toute surprise, chacun des membres de la communauté fait son heure de guet autour de leur maison située à Boni. »

Quoique la communauté de Saint-Jean fût composée de huit religieux, il ne s'en trouvait que six au moment de l'expulsion, dans la maison de Boni ; c'étaient les Pères Paulin, Alphonse, Milon, Félix, et les Frères Marcel et Gustave. Depuis le 25 juin, le Père Marie-Xavier était vicaire de St-Pardoux-Larivière, et depuis le 1er juillet, le P. M.-Joseph était curé de Saint-Romain. Le vieux curé de St-Jean-de-Côle, qui n'avait jamais fait partie de la communauté, était installé dans son presbytère paroissial. Bien avant la pointe du jour, le saint sacrifice est célébré sur l'autel de la petite chapelle de Boni. On se croirait revenu aux premiers temps du christianisme, lorsque les sacrés mystères s'accomplissaient à la faveur de la nuit, au plus profond des catacombes de Rome. Nous n'ignorons pas que les agents exécuteurs se proposent de tomber sur nous à l'improviste et de venir comme des voleurs accomplir leur ignoble mission. Les journaux nous arrivent plein leurs colonnes d'hécatombes offertes aux coups de la Révolution. Nous apprenons la nouvelle du blocus de l'abbaye des Prémontrés de Tarascon, notre maison-mère, œuvre qui demeurera à jamais la honte des exécuteurs des décrets du 29 mars.

Nous sommes arrivés au 8 novembre ; la rumeur publique annonce la fin des exécutions pour le lendemain. Notre sort n'est donc pas éloigné. On redouble de vigilance. Des amis généreux veulent bien nous offrir leurs services. Nous ne pouvons passer leurs noms sous silence. C'est la noble famille des Cosnac (1), qui, dans la personne de Madame la vicomtesse de Cosnac, pousse la générosité jusqu'à mettre son château de Vaugoubert à notre disposition. Ignorant comme nous l'heure de notre expulsion, ces vaillantes chrétiennes ne peuvent nous honorer de leur présence que l'espace de quelques instants, mais pour que leur protestation soit plus énergique, elles poussent la bonté jusqu'à laisser en permanence dans le bourg de St-Jean une voiture destinée à transporter les proscrits, une fois l'œuvre des crocheteurs accomplie.

Ce sont M. Goldefy, curé doyen de Thiviers, MM. Clément et Mayjonade, ses vicaires, M. Maillebiau, curé de Villars, venus dans la pensée que les crocheteurs ne pouvaient différer plus longtemps leur beso-

---

(1) Voir appendice, n° VII.

gne. La journée se passe sans autre incident; quelques-uns de nos amis se retirent, tandis que d'autres ne consentent à nous abandonner ni le jour ni la nuit. Nous croirions manquer au devoir sacré de la reconnaissance, si nous ne citions ici le nom de ces hommes généreux que n'ont pu arrêter ni les sarcasmes ni les menaces de certains vils personnages peu nombreux, il est vrai, mais dont l'ambition et la lâcheté ont pu seules motiver une conduite dont les gens de bien ont fait une prompte justice.

C'étaient MM. Adrien Magne, André Magne, Pierre Goutenègre, Edmond Goutenègre, Bernard Beyli et Jean Beyli.

La journée du lundi s'était passée sans voir les émissaires du gouvernement paraître à l'horizon. Dieu ne nous jugeait-il pas assez forts pour partager le sort des autres communautés? Etions-nous indignes de souffrir pour la gloire de son nom? Telles sont les pensées qui occupaient un moment notre âme, lorsque vers minuit, des coups redoublés retentissent à notre porte. Ce sont deux messagers nous apportant la nouvelle de l'exécution pour les huit heures du matin.

On dépêche aussitôt des exprès dans diverses directions pour mander nos amis, qui ne tardent pas à venir nous rejoindre. Les messes se succèdent sans interruption à la chapelle de Boni. Chacun se munit du Dieu des forts et s'arme de courage pour le combat. M. le curé de Thiviers, M. l'abbé Mayjonade, son vicaire, M. Leymarie, curé doyen de St-Pardoux-Larivière, M. l'abbé Rieux, son vicaire, M. Lacoste, notaire à Thiviers et son fils, viennent grossir nos rangs dès la pointe du jour.

On se met à barricader toutes les issues de la maison, chacun apporte son concours, tous veulent payer de leur personne. Planches et tombereaux, charrettes et fagots, poutres et vieilles futailles, tout ce qui tombe sous la main est soigneusement employé à barrer le passage pour opposer aux violateurs de domiciles le plus d'obstacles possible. Il s'agit de bien faire constater la violence et l'effraction : on ne cèdera qu'à la force. Un tas de fumier se trouvait dans un recoin de la cour. Pourquoi ne pas le transformer en tapis en l'honneur de M. le préfet Catusse, se disent nos amis. Sitôt dit, sitôt fait. Et pour que personne ne puisse s'y méprendre, on lit sur un large écriteau : *Fumier à vendre* (1).

Sur les huit heures du matin, on voit déboucher des routes voisines une foule de gendarmes, les uns à pied, l'arme au bras, les autres sur de beaux chevaux bien caparaçonnés. Ce sont les brigades de Thiviers, St-Pardoux-Larivière, Villars, auxquelles un ordre télégraphique a donné rendez-vous sur la place publique de St-Jean-de-Côle. Plus d'illusion à se faire, le moment est arrivé. Un instant après, un attelage traîné de deux chevaux s'arrête à l'entrée du bourg. C'est la voiture officielle, qui dépose avec complaisance M. Pabot-Chatelard, sous-préfet de Nontron, bien drapé dans un large burnous, et deux hommes à la mine repoussante, au regard sinistre. A la cassette qu'ils portent en bandoulière, on reconnaît aisément les crocheteurs, à qui M. le sous-préfet a voulu offrir les honneurs de sa voiture. C'est *Ninou* et son patron *Pouraillou*, les deux auxiliaires indispensables que le

---

(1) C'était une allusion à la conduite du préfet de Périgueux. M. Catusse Anatole ne s'était-il pas avisé de vendre à son profit le fumier des chevaux fournis par le département, et de faire voter ensuite des fonds au Conseil général pour l'achat de l'engrais nécessaire au jardin préfectoral ? Il faut être préfet républicain pour agir avec pareille désinvolture.

vaillant sous-préfet a fait lever au milieu de la nuit pour les associer à sa glorieuse expédition. Le char officiel, vide un moment de nos deux serruriers, vole à la rencontre de M. le préfet de la Dordogne. Mais le jeune et vigoureux Catusse voulait nous priver de sa présence ; n'était-ce pas assez pour lui de députer son secrétaire-général, M. Drouin, pour mettre à la raison six pauvres moines rebelles ? Un adjudant de gendarmerie venu exprès de Périgueux lui fait escorte, ce qui porte à quatorze le nombre des gendarmes requis, bien malgré eux, pour l'accomplissement d'une si triste mission.

Il est neuf heures. La troupe des agents exécuteurs se range en ordre de bataille, sur la place de St-Jean. Au signal donné, la colonne s'ébranle ; au milieu roule la voiture sous-préfectorale, Ninou et Pouraillou, armés de leurs insignes de crochetage, ouvrent la marche. Le cortège prend le chemin du village de Boni, que les deux sbires préfectoraux se voient forcés de gravir à pied, tant il est boueux et inaccessible ! En un clin d'œil, la pauvre métairie est cernée ; les agents exécuteurs sont accueillis aux cris de : Vive la liberté ! Vive la religion ! Vive la France ! Vivent les gendarmes ! Ce dernier cri semble frapper droit au cœur ceux qui en sont l'objet. Honnêtes soldats ! vous compreniez tout l'odieux d'une besogne que l'on vous faisait subir. L'émotion à laquelle vous étiez en proie montrait que jamais vous n'avez été des instruments de désordre.

La gendarmerie se poste en face de la porte cochère. La modeste sonnette de la métairie sonne le tocsin, MM. Drouin et Pabot grimpent sur un tertre et de là, surveillent le mouvement, l'un frisant sa grise moustache d'un air chevaleresque, l'autre les mains dans les poches et la tête fièrement levée. Le groupe Pabot-Drouin peut facilement entendre l'interpellation que lui adresse l'honorable M. Lacoste, de l'embrasure d'une fenêtre :

Eh bien ! M. le sous-préfet, chantez donc la *Marseillaise*. Le jour de gloire est arrivé ! Où est donc votre commissaire de police ? Vous l'avez oublié à Périgueux. Il est satisfait des lauriers recueillis à l'expulsion des capucins !

Un instant après, MM. Leymarie et Lacoste se trouvent sur la barricade de la porte cochère. Les pourparlers commencent.

— Ouvrez, dit M. Roy, adjudant de gendarmerie de Périgueux, le porte-voix de l'exécution.

— Nous n'ouvrirons pas. Que venez-vous faire ici ?

— Messieurs, nous vous en prions, veuillez bien ouvrir.

— Nous n'ouvrirons pas. Chacun de nous est ici dans son droit, dit M. Lacoste, j'ai passé moi-même les actes de propriété, tout est en règle.

— Messieurs, ne nous rendez pas notre mission plus difficile encore.

— Nous sommes violés dans nos droits, nous n'ouvrirons pas.

— Dois-je donc recourir à la violence ?

— Monsieur, c'est votre affaire.

L'adjudant, embarrassé, se tourne vers le secrétaire général et le sous-préfet :

— Que faut-il faire ?

— Enfoncez, dit le représentant de M. Catusse.

— Serruriers, à l'œuvre ! dit alors l'officier.

Et les ais du vieux portail gémissent sous les efforts des pinces et des coups de marteaux.

Tout le monde rentre alors dans l'intérieur de la maison. Cinq minutes suffisent aux crocheteurs pour accomplir leur besogne. Le portail cède, l'adjudant et ses gendarmes pénètrent dans la basse-cour. Est-ce par émotion? Ils ne remarquent point l'escalier qui s'ouvre devant eux et donne accès à la porte principale. Pendant quelques instants, ils démolissent une seconde barricade dressée vis-à-vis pour le cas où la première attaque aurait eu lieu du côté opposé.

Par ici, par ici, s'écrie une voix d'une fenêtre. Ne voyez-vous pas l'escalier devant vous?

L'adjudant, entouré de ses gendarmes et des deux crocheteurs nontronnais, monte sur la petite galerie où se trouve la porte soigneusement fermée.

— Ouvrez-nous, dit l'adjudant. A quoi bon résister?

— Vous violez notre domicile.

— Que voulez-vous que j'y fasse? J'ai un arrêté de M. le préfet, il faut que je l'exécute.

— Lisez-nous cet arrêté, dit le P. Supérieur.

— Je vais vous le lire.

On entend alors successivement les sept *Vu* qui motivent cet arrêté, puis la sentence de dissolution, puis la fermeture d'une chapelle soi-disant publique, puis l'apposition des scellés sur des portes extérieures qui n'existent pas. Le nommé Catusse avait sans doute signé son arrêté en blanc; ou peut-être ne voulait-il point trancher avec la formule générale composée par le sieur Constans; toujours est-il que le préfet Catusse n'avait pas daigné se préoccuper des conditions exceptionnelles et des dispositions locales. Mais quand on est préfet de la République française, il est bien permis de se méprendre et de faire des bévues, même dans un arrêté préfectoral.

Voici donc ce fameux document :

PRÉFECTURE DE LA DORDOGNE

CABINET
du
PRÉFET

Le Préfet de la Dordogne,
Vu l'article 1ᵉʳ de la loi du 13-19 février 1790 ;
Vu l'article 1ᵉʳ, titre Iᵉʳ, de la loi du 18 août 1790 ;
Vu l'article 2 du Concordat ;
Vu l'article 2 de la loi du 18 germinal an X ;
Vu le décret-loi du 3 messidor an XII ;
Vu l'article 8 du décret du 22 décembre 1812 ;
Vu le décret du 29 mars 1880, portant qu'un délai de trois mois est accordé aux associations non autorisées, pour faire les diligences nécessaires à l'effet d'obtenir la vérification et l'approbation de leurs statuts et règlements, sous peine d'encourir l'application des lois en vigueur ;
Considérant que l'agrégation dite des Prémontrés ne s'est pas conformée aux prescriptions du dernier décret sus-visé et que ses membres continuent à vivre à l'état de congrégation, dans l'établissement situé à Saint-Jean-de-Côle,

ARRÊTE :

Article Iᵉʳ—L'agrégation formée à Saint-Jean-de-Côle par les membres de l'association non autorisée, dite des Prémontrés, est dissoute. Les membres de cette association, qui résident dans l'établissement ci-dessus spécifié, devront immédiatement l'évacuer.

Art. 2. — La chapelle ouverte au public sera fermée, et les scellés seront apposés, tant sur les portes extérieures que sur celles qui la mettent en communication avec l'intérieur de l'établissement.

Art. 3. — M. le secrétaire général, M. le sous-préfet de Nontron, MM. les officiers, et les sous-officiers et brigadiers de gendarmerie et tous les agents de la force publique sont chargés de l'exécution du présent arrêté.

Fait à Périgueux, le huit novembre 1880.

Le Préfet de la Dordogne.

signé : A. Catusse

Pour copie conforme, *le secrétaire général.*

A. Drouin.

— Eh bien ! Messieurs, avez-vous entendu ? dit l'adjudant.

— Oui, oui, répondent les Pères et leurs témoins, tous groupés derrière la porte. Et maintenant que nous avons entendu la lecture de votre arrêté, vous voudrez bien nous entendre à notre tour, n'est-ce pas ? dit le R. P. Paulin, supérieur de la petite communauté.

— Parfaitement.

— Eh bien ! écoutez-nous.

Le Père Paulin, d'une voix ferme, lit alors, au nom de tous les religieux et en présence des témoins, la protestation suivante :

Protestation des Prémontrés de Saint-Jean-de-Côle
devant les agents du gouvernement.

«Au moment où nous avons la douleur de voir violer nos droits les plus sacrés et nos libertés les plus chères,

En présence du Dieu Tout-Puissant qui jugera persécuteurs et persécutés,

En face de ces témoins généreux ici présents,

Nous prêtres et chanoines de l'ordre des Prémontrés,

Nous protestons, comme Français, contre la violation qui nous est faite dans nos droits de citoyens.

Nous protestons, comme propriétaires, contre la violation de notre domicile, violation qu'aucune loi ne justifie, violation dont l'autorité administrative ne peut s'occuper licitement qu'après que l'autorité judiciaire en a ordonné.

Nous protestons, comme catholiques, contre l'outrage infligé à notre liberté de conscience.

Nous protestons, comme prêtres, contre l'insulte faite à notre caractère sacré.

Nous protestons, comme religieux, contre la suppression arbitraire d'un droit qui nous permettait de suivre un genre de vie qu'aucune loi existante n'a jamais prohibé.

Vous donc qui venez en si grand nombre expulser d'une métairie inconnue une poignée de prêtres paisibles et de religieux inoffensifs ; vous qui portez sur eux une main sacrilége, sachez qu'une sentence d'excommunication majeure, réservée au Pape, frappera quiconque osera commettre un pareil attentat. »

Puis le Père ajoute :

— Retenez bien ceci, Messieurs : des lois vraiment existantes nous accordent dix ans devant les tribunaux civils pour revendiquer nos droits et poursuivre les auteurs de la violence que nous subissons.

— Que voulez-vous ? Je dois faire ouvrir.

— Nous n'ouvrirons pas.

— Je vais employer la violence.

— Mais, s'écrie une voix, prenez garde, vous oubliez les sommations légales.

Alors, comme au pas de course :

— Ouvrez, au nom de la loi.

— Non.

— Ouvrez au nom de la loi.

— Non.

— Ouvrez au nom de la loi.

— Non,
Une voix par la fenêtre :
— La loi ? Elle est affichée à la porte ; lisez l'article 184 du Code Pénal.
— Eh bien ! s'écrie l'adjudant, à vous autres, serruriers.

Les marteaux s'abattent avec violence sur la porte extérieure. Chaque Père avec ses témoins court s'enfermer dans sa chambre respective.

Le second acte du drame avait duré 10 minutes.

La porte tombe en éclats. Une deuxième porte vitrée est à son tour enfoncée, et les agents se trouvent dans la cuisine.

Les voilà en face de quatre nouvelles portes.

— Par où commencer ?

— Qu'importe ? il faudra probablement tout faire sauter.

On s'arrête devant la porte du corridor.

— Y a-t-il quelqu'un ici ?

Pas de réponse.

— Enfoncez !

Quelques coups de marteaux, et la porte cède.

Vient ensuite la porte du réfectoire.

— Y a-t-il quelqu'un ici ?

Rien.

— Enfoncez !

Et l'on enfonce.

Les agents voient alors au fond du corridor une porte au-dessus de laquelle ils lisent : M. le supérieur. Ils s'approchent aussitôt.

Première cellule. — R. P. Paulin, supérieur. — Témoins : MM. Leymarie et Lacoste père.

On frappe.

— Qui est là ?

— Mais vous le savez bien.

— Nous ne vous connaissons pas.

— Mais ouvrez donc ; n'est-ce pas assez d'avoir brisé trois ou quatre portes.

— Nous n'ouvrirons pas.

— Faut-il donc enfoncer ?

— Enfoncez !

— Soit.

Et de nouveau retentissent les coups de marteau, la porte cède facilement. Voilà l'adjudant et six gendarmes, l'arme au bras, en face du P. Paulin, qui cause tranquillement avec ses deux amis.

— Messieurs, je viens vous prier de sortir.

— On viole notre droit : nous ne sortirons pas.

— Je vous en prie, Messieurs, ma tâche est déjà bien pénible ! Ne m'obligez pas à user de violence.

Le P. Supérieur et ses deux témoins jusque-là restés assis et le chapeau sur la tête, se lèvent, et se découvrant :

— Monsieur, dit le Père, nous nous découvrons à cause de vous, mais à cause de ceux qui vous envoient nous devons résister.

— Sortez, sortez ! dispensez-nous de mettre la main sur vous.

— Il le faut, pourtant.

— Eh bien ! gendarmes, faites sortir ces Messieurs.

Trois gendarmes s'approchent, mettent la main sur l'épaule du Père et de ses témoins. Ceux-ci se lèvent et sortent. Un gendarme les accompagne jusqu'à la porte de la maison

— Ne me forcez pas à aller plus loin, dit au Père le brave militaire qui était visiblement ému.

— Il faut que vous me conduisiez jusqu'en dehors de la cour ; je ne rougis pas de paraître en votre compagnie, devant un préfet et un sous-préfet.

Deuxième cellule. — P. Alphonse. — Témoins :
MM. Mayjonade et Lacoste fils.

L'adjudant est accompagné de trois gendarmes. On frappe.

— Qui est là ?

— Un mandataire du gouvernement, qui vient au nom du préfet de la Dordogne.

— Que voulez-vous ?

— Vous notifier un arrêté d'expulsion en vertu des décrets du 29 mars.

— Est-ce tout ? Avez-vous un mandat d'amener ?

— Non, monsieur. Mais veuillez ouvrir.

— Je n'ouvre pas. J'ai choisi ici mon domicile, et je ne reconnais à personne le droit de m'en chasser.

— Je remplis un mandat. Je dois obéir.

La porte retentit et cède bientôt sous les coups redoublés.

— Vous violez mon domicile.

— Je dois vous prier de sortir.

— Nous ne cèderons qu'à la violence.

— Pourquoi nous rendre notre mission si pénible ?

— Pénible, oui, messieurs, nous le comprenons. Toute iniquité doit l'être pour des hommes dont la tradition et l'honneur sont de protéger la faiblesse et l'innocence. Mais l'arrêté dont vous êtes le porteur est insuffisant devant la loi pour nous priver de nos droits de citoyens.

— Nous devons vous faire sortir.

— Faites, nous protestons contre la violence.

Les trois gendarmes s'approchent. L'un d'eux semble oser à peine porter la main sur le Père.

— Il faut que vous me touchiez, dit celui-ci, sans quoi je ne sors pas.

Le pauvre gendarme étend alors la main et touche du bout de l'index l'épaule du religieux. Aussitôt celui-ci se met en devoir de le suivre. Ces braves soldats, quelle mission on leur donnait là! et pourquoi abuser de la sorte de leur incorruptible obéissance à la discipline? Certes, ils ne sont pas coupables ; ils seraient coupables de n'avoir pas exécuté les ordres reçus.

Troisième cellule. — F. Marcel, diacre. — Témoin : M. Pierre Goutenègre.

On enfonce la porte sans frapper.

— Monsieur, êtes-vous propriétaire ?

— Il me plaît d'habiter ici, et aucune loi ne me le défend.

— Vous devez sortir.

— Je voudrais bien savoir pourquoi.

— J'ai ordre de vous faire sortir.

— Vous êtes la force ; je ne veux céder qu'à la violence.

— Allons gendarmes, faites sortir ces messieurs.

— Où sont les autres ? ajoute l'adjudant.

— Ce n'est pas mon affaire, cherchez-les.

Quatrième cellule. — P. Félix. — Témoins : MM. Magne père, et Belly père.

On frappe.

— Ouvrez. Y a-t-il ici un propriétaire ?

— Il y a un procureur avec toutes ses pièces en règle.

— Ouvrez donc.

La porte, délabrée en partie, est incapable de résister et s'ouvre au premier choc.

— Sortez, Messieurs.

— Nous ne sortirons que par la violence.

Les gendarmes s'approchent.

— En bon républicain, dit M. Magne, je proteste contre un acte qui déshonore le gouvernement.

La cellule est évacuée, et le Père reste dans la cuisine.

Cinquième cellule. — F. Gustave. — Témoins : MM. Edmond Goutenègre et J. Belly.

— Ouvrez.

— Je n'ouvre pas.

— Etes-vous propriétaire de la caserne ?

— Il n'y a pas de caserne ici.

— Pardon, je me trompe, de la maison.

— Monsieur, je suis chez moi.

La porte cède sous la pince du crocheteur.

— Messieurs, je vous prie de sortir.

— Je ne sortirai que par la force.

— Gendarmes, conduisez ces messieurs.

Le religieux se tourne alors vers ses témoins.

— Je proteste devant vous de la violation de mon domicile.

Ils sont conduits à la cuisine.

Sixième cellule. — P. Milon. — Témoins : MM. Marcellin et André Magne.

Nous voici arrivés à la dernière cellule. Toutes les portes extérieures et intérieures de la pauvre métairie sont forcées ou brisées.

Dans un petit recoin se trouve encore un misérable réduit obscur et presque ouvert à tous les vents. Les agents sont devant la porte, se demandant où peut être le religieux qui reste encore à expulser. L'un d'eux remarque un escalier en bois étroit et fort roide.

Il doit y avoir un premier étage, dit-il. On monte aussitôt et l'on arrive dans le grenier. Deux jeunes enfants s'y trouvaient, sonnant le tocsin. Expulsés, les enfants. Tous les coins et recoins sont furetés, jusqu'à un vieux pigeonnier, plein d'oignons.

On descend, et de nouveau l'on examine de toutes parts. Un coup de pied est donné par mégarde contre les planches du réduit ignoré.

— Qui est là ? demande-t-on de l'intérieur.
— Ah ! Ah ! ils sont ici. Ouvrez au nom de la loi.
— Je suis chez moi, je n'ouvre pas.
— Alors on va ouvrir.

Et le marteau s'acharne contre cette porte mal jointe.

On entre.

— Veuillez sortir.
— Nous ne sortirons que par la violence.
— Eh bien ! gendarmes, emmenez ces messieurs.

Il ne reste donc plus personne à expulser. Trois religieux sont dehors ; trois autres dans l'intérieur, entourés de gendarmes. Jusque-là le secrétaire général et le sous-préfet étaient demeurés en dehors de l'enceinte extérieure. La longueur du drame les ennuyait-elle ? Sondaient-ils du regard l'avenir ? Les articles du code pénal qu'ils venaient de fouler aux pieds se montraient-ils à eux dans toute leur rigueur ?

Enfin, Pabot et Drouin s'avancent, traversent la cour jonchée de fumier, montent l'escalier et entrent dans la cuisine.

— Est-ce fini ? dit M. Pabot aux gendarmes.
— Oui, Monsieur, trois religieux sont dehors ; voici les trois autres.
— Qu'on cherche partout et qu'on visite tous les lieux.

La prostestation était sur la table — ces MM. la prennent entre leurs mains, paraissent la lire attentivement, puis la déposant nonchalamment : *C'est du vieux, ça !* ajoutent-ils.

Pendant qu'on discute, qu'on parlemente, un des crocheteurs saisit un petit banc et s'approche tranquillement du feu pour se chauffer.

— Eh quoi ! lui dit-on, vous avez froid après avoir enfoncé treize portes ! Votre ignoble besogne ne vous a pas assez réchauffé !

Cependant on parlemente toujours. L'adjudant vient trouver au-dehors les Pères expulsés, et s'adressant au supérieur :

— MM. le secrétaire général et le sous-préfet vous font demander.

— J'irai avec mes témoins, répond le Père.

M. Pabot, informé de cette réponse, refuse les témoins et prie de nouveau le Père d'avoir à se rendre auprès de lui.

— Je ne veux pas paraître sans témoins devant des gens qui viennent crocheter ma maison. Je n'ose me fier à des gens qui viennent me mettre à la porte de chez moi.

L'adjudant porte la réponse aux sbires préfectoraux et, revenant une troisième fois vers le supérieur :

— Ces messieurs vous prient de les venir trouver.

— Avec nos témoins ?

— Nous refusons.

— Comment ! s'écrie-t-on de tous côtés, des agents du gouvernement refusent des témoins ? Quels sont donc leurs projets ? On ne redoute jamais des témoins pour une action honnête. Il n'y a guère que des voleurs, s'introduisant de nuit dans une maison, qui redoutent des témoins, etc., etc. Chacun des spectateurs dit son mot, chacun se révolte.

Enfin, l'exécution est consommée. Elle avait duré deux heures entières. Il avait fallu tout ce temps à Pabot-Drouin, flanqués de deux crocheteurs, escortés de quatorze gendarmes pour mettre hors de chez eux six pauvres religieux inoffensifs.

Les Pères, avec tous leurs témoins, sont descendus à la paroisse de Saint-Jean ; les cloches se sont aussitôt mises en branle comme aux jours des plus grandes solennités, et là dans le temple béni, ils ont chanté tout d'une voix le *Miserere* et *le Parce Domine*, afin de demander pardon à Dieu pour leurs persécuteurs. Une centaine de personnes ont assisté à la bénédiction du Très-Saint-Sacrement, et le *Laudate*, cri de joie et d'espérance, a terminé la touchante cérémonie. *Et veritas Domini manet in æternum*. Nos persécuteurs passeront, mais la vérité demeurera éternellement.

Au sortir de l'église, chaque père se retire dans une maison particulière, où des personnes charitables le reçoivent avec le plus sympathique dévouement. Nous ne pouvons passer sous silence le nom de Mᵐᵉ Bussière, dite la *Parisienne*, qui voulut protester à sa manière contre les actes odieux que nous venons de raconter en invitant les expulsés à sa table et en leur faisant servir un confortable déjeuner. Les nobles sentiments de ces personnes au cœur généreux, qui nous ont témoigné leur sympathie dans ces pénibles circonstances, fut bien de nature à nous dédommager du triste spectacle auquel le misérable gouvernement qui régit aujourd'hui la France venait de nous faire assister.

Le château de Lamarthonie avait été mis à la disposition des Pères par son propriétaire actuel, M. de Flavelly, ancien juge de paix, démissionnaire peu de temps auparavant, dédaigneux de s'associer à une politique en opposition directe avec ses nobles sentiments et les traditions de l'ancienne famille de Beaumont. Deux d'entre les expulsés allèrent profiter de l'hospitalité charitable que Mᵐᵉ la vicomtesse de Cosnac était venue leur offrir la veille avec tant de bienveillance et de générosité.

Le R. P. Paulin supérieur, et le F. Félix économe, furent autorisés à rester à Boni pour diriger les travaux de la métairie, le P. Milon et le F. Gustave furent laissés au presbytère de Saint-Jean-de-Côle, comme auxiliaires du vénérable curé de la paroisse, âgé de 75 ans.

L'attitude des habitants de Saint-Jean durant le crochetage officiel a été des plus dignes. A part nos amis, la foule des spectateurs, peu nombreuse, n'était composée que de gamins, de curieux ou d'indifférents. L'on découvrait bien çà et là quelques ennemis déclarés, mais aucun cri hostile aux expulsés n'a été proféré, aucun *vivat* n'est venu délecter l'oreille du groupe Pabot-Drouin. Et même, si l'on en croit la renommée, on aurait distingué un individu de Thiviers, qui aurait reçu quelque obole pour acclamer la tourbe de crocheteurs, mais il crut prudent de garder le silence et il fit bien.

Voir crocheter des serrures, faire sauter des portes à grands coups de marteaux, mettre des gens hors de chez eux entre deux gendarmes, atterrait véritablement les habitants de Saint-Jean-de-Côle. Une tristesse profonde était empreinte sur les visages et parfois se traduisait par des larmes. Honneur à eux! Ce spectacle est bien de nature à faire prendre en pitié l'indigne langage d'un certain personnage étranger à Saint-Jean-de-Côle, mais assez connu et, faut-il le dire? apprécié à sa juste valeur, lequel craignant de perdre l'occasion de s'attirer les faveurs préfectorales, s'introduisit auprès de M. Pabot et, lui serrant affectueusement la main : « Je vous félicite, dit-il, il y a longtemps que vous auriez dû faire ce que vous venez d'accomplir ! »

Les honnêtes gens ont fait prompte justice d'une pareille flagornerie.

Le soir, la voiture de M. le sous-préfet reprenait glorieusement le chemin de Nontron, n'ayant garde d'oublier les deux serruriers invariablement accompagnés de leur cassette à crochets.

M. Pabot couronnait dignement son œuvre.

Les gendarmes, eux aussi, revinrent à leurs foyers,

le cœur plein d'émotion. — « Je n'oublierai jamais cette journée, dit l'un. — C'est la première fois de ma vie que je suis requis pour aller mettre le désordre dans une maison, dit l'autre. » — Braves soldats ! Cette journée est toute à votre honneur. Vous n'avez pas baissé dans l'estime des honnêtes gens.

Les sieurs Pabot et Drouin avait traité l'excommunication de *vieillerie*. Leur piteux dédain ne saurait effacer le sceau de la *bête* qui a marqué leur front ce jour-là (1). Pourquoi ne pas consigner ici les noms de ceux qui ont encouru cette censure ecclésiastique?

Catusse, préfet de la Dordogne.
Drouin, secrétaire-général de la préfecture.
Pabot-Chatelard, sous-préfet de Nontron.
Roy, adjudant de gendarmerie de Périgueux, faisant les fonctions de commissaire de police.
Ninou et *Pourraillou*, serruriers, à Nontron.

Le lendemain, la presse de Paris et de la Dordogne communiquait à ses lecteurs une dépêche télégraphique annonçant l'attentat de plus qui venait de s'ajouter à l'actif du gouvernement de la République (2).

Quelques jours après, les journaux religieux racontaient en détail l'exploit républicain dont la métairie de Boni venait d'être le théâtre. Nous citerons entre autres *l'Univers*, 19 novembre, *Supplément*; *le Courrier de la Dordogne*, 14 novembre ; *l'Union Nontronnaise*, 14 novembre ;

Six mois après, la presse radicale de Périgueux (3) trouvait bon de revenir sur ces faits. Naturellement,

---

(1) Qui acceperunt characterem bestiæ, (*Apoc.* xix. 20).
(2) *L'Univers* — *Le Courrier de la Dordogne* — *L'Écho de la Dordogne* — 11 novembre 1880.
(3) *L'Avenir de la Dordogne*, 26 mars 1881. — *Le Réveil de la Dordogne*, 7 mai 1881.

elle les dénaturait, au point que ses narrations contenaient autant d'erreurs que de phrases. On nous saura gré de ne pas étaler ici de pareilles insanités, noyées dans une prose que réprouve la langue de Racine et de Bossuet.

Les évènements qui se sont passés à Boni dans la journée du 9 novembre 1880 ont égayé la plume de certains écrivains. Comme conclusion de ce chapitre, nous citerons en entier l'article humoristique que nous recueillons dans un journal de Périgueux (1) :

Un coup de main.

C'était le 8 novembre 1880, la vallée de Saint-Jean-de-Côle et de Boni dormait paisible, et, à la faveur des ombres de la nuit, on préparait le coup de main où plus d'un allait conquérir des titres incontestés à une célébrité toute panachée de ridicule et de honte.

De Périgueux, de Nontron, de Thiviers, de Saint-Pardoux-Larivière et de Villars partaient avant le jour les auteurs et acteurs intrépides et belliqueux de cette périlleuse expédition.

Nos valeureux gendarmes, toujours réclamés à l'heure des grands dangers, et toujours prêts quand il s'agit d'exposer leur vie contre les incendiaires, les assassins et les voleurs, accourent sur des ordres supérieurs, sabre au poing, carabine en bandoulière et cartouches dans la giberne, comme dans les plus mauvais jours de l'émeute et de la guerre étrangère. Leur départ nocturne et précipité surprend un peu les plus jeunes, qui font probablement leurs adieux à leur famille tremblante et éplorée.

Thiviers, Saint-Pardoux et Villars s'étonnent et s'inquiètent d'entendre dans la nuit les bruits sourds de

(1) *L'Écho de la Dordogne*, 16 novembre 1880.

la cavalerie. Les gendarmes partent. Émotion générale. Que se passe-t-il ? Et chacun de se dire : « Les Prussiens reviennent-ils ? Est-ce la guerre ? est-ce l'invasion des Communards ? Va-t-on combattre les radicaux vainqueurs, ou quelque bande de malfaiteurs publics ? Et, la frayeur grossissant le danger, chacun se prend à redouter quelque mauvais coup, et les enfants, réveillés en sursaut, de crier : « Maman, j'ai peur ! »

Le premier magistrat de l'arrondissement de Nontron qui doit diriger les principales scènes du drame des *Fausses-Clefs*, M. Pabot-Chatelard, après un court sommeil troublé sans doute par le bruit des marteaux retentissants et des serrures forcées, se lève promptement au milieu de la nuit, craignant d'être en retard dans l'œuvre de l'assaut qui portera son nom en le couvrant de gloire.

Mais voyager seul en pleine obscurité pour aller assiéger une obscure métairie, peut être un grave danger pour notre magistrat. « Allons, Pouraillou, parent de Pincaillou, lève-toi, prends ton aide Ninou, et sous les armes au plus tôt ; le danger presse, le sous-préfet t'attend ! »

Au nom du sous-préfet, Pouraillou et Ninou jugent l'affaire grave et sérieuse, et armés jusqu'aux dents de pinces, de tenailles et de marteaux, ils se promettent de frapper sur les ennemis de la patrie, les malfaiteurs qui troublent l'ordre et la paix, et sont tout fiers et tout heureux de consacrer la vigueur de leurs poignets et la puissance de leurs rossignols à la protection de la tranquillité publique menacée.

A défaut de secrétaire et de sous-secrétaire, le sous-préfet de Nontron prend pour acolytes dans sa voiture Pouraillou et Ninou, les deux artistes en serrure et rossignol. Rarement, ils s'étaient vus entourés de tant d'honneur ; mais la nuit était froide, et il fallait éviter l'onglée pour opérer plus vite et plus sûrement le crochetage officiel ; d'ailleurs, il est des temps où les hommes n'éprouvent aucune répugnance à franchir toutes les distances.

Pouraillou et Ninou, vous aurez une page dans l'histoire des grands et des petits crocheteurs, à côté d'Érostrate, l'incendiaire du temple d'Éphèse, à côté du duc de Frigolet, vainqueur des moines de Tarascon, après un siège de plusieurs jours, où l'Attila des Prémontrés faisait bivouaquer et enrhumer à la belle étoile de novembre près de trois mille soldats protégés par la cavalerie et par les engins meurtriers de l'artillerie. Oui, héros des fausses clefs, vous aurez une place avec tous les amis et les marquis du rossignol, à côté de tous les fiers galonnés, dompteurs glorieux des capucins !

Mais, hâtons-nous d'arriver sur la colline désormais célèbre de Boni, près Saint-Jean-de-Côle, où doit se livrer la fameuse bataille. Les troupes sont concentrées sur la place de Saint-Jean ; ce sont les gendarmes de Thiviers, de Saint-Pardoux et de Villars. Les habitants ne savent que penser de ce déploiement de forces. Quelques-uns, par ce temps de violences et de crises ministérielles, croient à un changement de gouvernement. Non, disent les autres, il se fait la main pour de prochaines et plus universelles violations de la propriété et de la liberté.

Pendant ce temps-là, le sous-préfet de Nontron, après avoir déposé en vedette, à l'auberge Cluzeau, ses deux coadjuteurs, Pouraillou et Ninou, en leur disant au revoir et à bientôt, se rendait en toute hâte à Thiviers prendre MM. Drouin, secrétaire général du préfet de Périgueux, et l'adjudant de gendarmerie de Périgueux, heureux et flattés, sans doute, de prendre les places encore chaudes de Pouraillou et de Ninou.

En quelques minutes, l'état-major se trouve au milieu de la troupe, sur la place de Saint-Jean-de-Côle. On se concerte un instant et on arrête le plan d'attaque de la métairie de Boni, propriété que Mlle Faure, de Thiviers, avait le droit de vendre à quatre ou cinq propriétaires qui, paraît-il, ont aujourd'hui le tort d'avoir le droit de la posséder et de l'habiter, parce qu'ils s'appellent les Prémontrés au lieu de s'appeler les Pouraillou, les Catusse ou les Pabot.

On se met en rang de bataille et l'on se dirige vers le lieu du combat. A la vue des assaillants, le tocsin sonne et annonce aux alentours que l'attaque va commencer. Toutes les issues de la métairie de Boni sont occupées sous le regard vigilant du secrétaire général et du sous-préfet de Nontron, tout brodés d'argent, qui, pour mieux apprécier la valeur et le sang-froid de Pouraillou et de Ninou, se tiennent à distance, surveillant la plaine et encourageant du geste et du regard les désormais célèbres crocheteurs, orgueilleux de pouvoir dire à leurs enfants : « J'étais aux serrures de Boni, » comme d'autres disent fièrement : « J'étais à Reischoffen ou à Mentana. »

Les parlementaires se présentent ; les propriétaires et les amis répondent ce que vous auriez vous-même répondu dans votre maison : « Nous sommes chez nous, nous y restons. » Mais les propriétaires d'aujourd'hui et ceux de demain apprendront qu'en France, à cette heure, on ne compte plus les entorses qu'on fait à la loi et à la liberté.

L'adjudant de gendarmerie lit l'arrêté préfectoral qui provoque et autorise toutes ces vilaines et tyranniques manœuvres. Le propriétaire, le P. Paulin, assisté de ses témoins, — MM. Maisonneuve-Lacoste, notaire, père et fils ; l'abbé Leymarie, doyen de Saint-Pardoux ; l'abbé Mayjonade, vicaire de Thiviers ; le maître d'hôtel et le cocher de Mme la vicomtesse de Cosnac, — lit à son tour, avec l'accent énergique que donnent le droit et la vérité, une vigoureuse protestation où se trouve signalée l'excommunication qu'encourent tous les provocateurs et les principaux meneurs de cette triste et écœurante aventure, et que M. le sous-préfet a l'impie et mauvais goût de traiter de vieillerie.

On consulte du regard le magistrat directeur du coup de main, et le regard plaisantin du maître dit : Allez de l'avant, enfoncez ! Et l'œuvre héroïque et sublime de Pouraillou et de Ninou commence sous les yeux de nos braves gendarmes, visiblement attristés d'être les protecteurs d'une aussi ridicule et déplorable équipée. Les coups de marteau se mêlent au bruit de la cloche d'alarme, le droit cède devant la force, les portes sont enfoncées, la propriété violée, les amis et les habitants inoffensifs de cette paisible métairie sont inquiétés, traqués, expulsés comme des hommes dangereux.

Les chevaliers de l'ordre nouveau de la Fausse-Clef triomphent sur toute la ligne, et l'homme brodé d'argent, jugeant que l'œuvre inique était terminée, que tout danger était passé, s'avance à travers la cour, foulant aux pieds une véritable jonchée de fumier répandu pour la circonstance, et debout, les mains dans les poches, triomphant sur le perron de la métairie enfin conquise, semble chanter et dire à tous ses amis de la serrure : Partons, le jour de gloire est arrivé !!!

Un ami de la liberté.

CHAPITRE XVI

LA JUSTICE

La magistrature. — Appel à la justice. — Tribunal de Nontron. — Audience. — Déclaration d'incompétence.

La puissance administrative a fait son œuvre. Les hideux moyens qu'elle vient de mettre au service de sa cause indiquent assez le dégré d'avilissement auquel elle en est arrivée. Violation flagrante de domicile, effraction, crochetage des serrures, liberté de conscience indignement foulée aux pieds, autant de crimes relevant des tribunaux. Le pouvoir judiciaire devait donc se prononcer. Il fallait ou consacrer ces délits punis par notre droit public, indigne bassesse ! ou flétrir ces actes comme ils le méritaient, noble indépendance ! Les décrets du 29 mars ont fait briller la magistrature d'un éclat incomparable. Plus de quatre cents magistrats descendent de leurs sièges pour ne pas souiller leur toge en prêtant leur concours à des actes condamnés par la loi, réprouvés par la conscience. Jamais l'histoire n'avait enregistré un tel exemple d'indépendance et de désintéressement. Nontron venait de voir deux honorables membres de son tribunal donner leur démission pour ne pas s'associer à l'œuvre de l'exécution des décrets dans l'arrondissement. Voici ce que nous lisions le 13 novembre dans le *Courrier de la Dordogne*.

Le livre d'or de la Dordogne.

Nous recevons la lettre suivante :

Nontron, le 11 novembre 1880.

Mon cher confrère,

Je me fais un plaisir de vous annoncer les démissions de M. Alquié, procureur de la République à Nontron, et de son substitut, M. Barennes, qui fut aussi substitut à Périgueux.

Il va sans dire que ces démissions sont motivées par l'application des décrets aux Prémontrés de St-Jean-de-Côle. Ces deux Messieurs méritent d'être inscrits au livre d'or. Veuillez le faire dans le *Courrier*.

Croyez-moi, mon cher confrère, votre bien dévoué

Louis RÉJOU.

L'*Union nontronnaise* du 14 novembre apprécie de la sorte la belle conduite de ces deux magistrats :

« Encore deux noms à inscrire au livre d'or de la magistrature française.

A la suite de l'exécution dans l'arrondissement de Nontron des iniques décrets du 29 mars, M. Alquié, procureur de la République, et M. Barennes, substitut, ont envoyé leur démission à M. le Garde des Sceaux.

Honneur à ces fiers et loyaux magistrats ! En descendant volontairement de ce siège que la voix de leur conscience leur interdisait d'occuper plus longtemps, ils ont montré combien ils étaient dignes d'y remonter quand des jours meilleurs se lèveront sur notre malheureux pays.

Gardiens de la loi et de la sécurité des citoyens, ce sera leur honneur d'avoir compris qu'il n'y avait plus de place pour eux dans un ordre de choses qui se caractérise par la violation, de jour en jour plus éhontée, de toute loi et de toute liberté ! Honneur à eux !

Nos regrets les accompagnent ; ils avaient su se créer au milieu de nous des sympathies qui feront vivre longtemps leur souvenir à Nontron. »

Un journal de Bordeaux explique dans quelles circonstances eut lieu cet acte si honorable pour ces deux magistrats. Voici ce que rapporte l'*Echo de la Dordogne* au 18 novembre.

« Au sujet de la double démission de M. Alquié, procureur de la République à Nontron, et de M. Barennes, son substitut, que nous avons annoncée, *la Guienne* publie quelques détails intéressants. C'est à propos de l'expulsion des Prémontrés du canton de Thiviers que cette démission a été donnée.

« La veille de l'expulsion, et *nuitamment* le sous-préfet de Nontron était allé demander leur concours aux deux magistrats à qui il offrait des places.... dans sa voiture. Ces *places* ont été réfusées comme étaient sacrifiées les autres, au nom de la conscience, et l'ingénieux sous-préfet, à l'aise dans son équipage, dont il aura pu faire les honneurs à quelques crocheteurs plus faciles à séduire que ces deux honorables magistrats, partit à quatre heures du matin pour sa brillante expédition.»

Le gouvernement avait hâte de pourvoir au remplacement des deux nobles démissionnaires. Quelques jours après, le *Journal officiel* contenait la nomination de leurs successeurs M. Eyquem, procureur de la République, et M. Marquet, substitut.

Comme toutes les autres victimes de l'exécution des décrets, les Prémontrés de St-Jean-de-Côle n'eurent d'autre moyen de poursuivre la revendication de leurs droits qu'en remettant leur cause aux mains de la justice. Pleins de respect pour ce pouvoir judiciaire, vivante image de cette justice éternelle dont les arrêts sont toujours équitables (1), ils allaient, pleins de confiance, frapper à la porte de cette magistrature qui s'était montrée si digne en prenant la défense de l'opprimé contre l'oppresseur. Ils étaient trop persuadés que l'on ne pouvait appliquer à l'incorruptible magistrature française le blâme infligé par l'Écriture aux juges d'une certaine ville : « L'iniquité est sortie de Babylone par les vieillards qui rendent la justice » (2). Le jour même de l'expulsion, le président du tribunal de Nontron était saisi d'une plainte en référé. C'était une demande en réintégration de domicile de la part de ceux qui en avaient été chassés par ordre administratif.

Cette affaire, qui partout ailleurs fut jugée presque incontinent la déposition de la plainte, rencontra auprès du tribunal de Nontron des délais inexplicables. Fixée au 19 novembre, renvoyée au 3 du mois suivant, elle ne fut définitivement appelée qu'à l'audience du mercredi 8 décembre.

M. Lacroix-Dufresne présidait le tribunal ; MM, Dandraut et Machaumont siégeaient à ses côtés. On remarquait dans l'assistance M. Pabot-Châtelard, sous-préfet de Nontron, qu'entouraient plusieurs admirateurs de ses exploits. Un groupe de personnages dis-

---

(1) Omnia judicia tua justa sunt (Tob. III, 2).
(2) Egressa est iniquitas de Babylone a senioribus judicibus (Dan. XIII, 5).

tingués formait autour des expulsés, un cortège d'honneur. C'étaient M. Leymarie, curé-doyen de St-Pardoux, M. l'abbé Rieux, son vicaire, M. Verdeney, directeur du prytanée de Nontron, M. Maillebiau, curé de Villars. Leur présence révélait suffisamment combien la cause du clergé régulier est identique à celle du clergé séculier. C'étaient M. le marquis de Mallet, M. de Lestang, M. de Lépine, M. Sellier, M· Maisonneuve Lacoste, plusieurs dames, et entre autres Mme la vicomtesse de Cosnac, plusieurs membres de son honorable maison et Mme Lardailler. Si le tribunal de Nontron eût appelé la cause le 19 novembre ou le 3 décembre, nos amis eussent été plus nombreux encore. Deux fois, plusieurs d'entre eux se mirent en route, deux fois la nouvelle du renvoi des débats vint les arrêter en chemin. C'étaient M. Roux, curé de Milhac, M. Cazes, curé de St-Front-Larivière, M. Parteaux, l'ancien régisseur du château de Puyguilhem, que des circonstances imprévues retinrent chez eux le 8 décembre. Les Prémontrés, représentés par les Pères Paulin, Milon et Félix, n'avaient pas craint de paraître à l'audience avec le blanc costume de leur ordre, estimant que la main du gendarme en touchant cet habit, ne l'avait rendu que plus éclatant.

La séance ouverte, le nouveau procureur de la République exhibe son réquisitoire ; à peine dure-t-il quelques minutes et se termine naturellement par un déclinatoire d'incompétence. A ce langage sec, court et froid, on sent que M. Eyquem ne défend pas une thèse convaincante. C'est du reste, son début. Un jeune avocat mérite bien qu'on l'excuse, s'il n'a plaidé qu'une cause et si l'on considère que nous traversons un temps où l'élévation est due à la seule couleur des opinions politiques. Quoi qu'il en soit, une attitude plus correcte eût donné du prestige à sa jeunesse, et la lecture d'une feuille radicale durant la plaidoirie d'un adversaire semblait trancher avec la noble dignité du magistrat.

Le réquisitoire de M. le procureur terminé, M⁰ Labuthie se lève. L'avocat des expulsés ne parle pas moins de trois heures. Cette parole douce et persuasive est écoutée avec la plus vive attention. Elle porte en elle cet accent de conviction qui va remuer l'auditoire jusque dans les fibres de son cœur. L'on a peine à contenir son indignation quand l'orateur flagelle l'indigne conduite des crocheteurs officiels. On ne doute pas un moment de la conclusion du tribunal de Nontron, lorsque M. Labuthie fait passer en entier devant les juges la décision du président du tribunal de Périgueux, rendue quelques jours auparavant dans une cause absolument identique.

Après de tels arguments, toute tergiversation de la part des juges semble impossible. Quel n'est pas l'étonnement général, lorsque, après la péroraison du plaidoyer de M⁰ Labuthie, M. le président se lève et renvoie le prononcé du jugement à une séance ultérieure.

Dans cette occasion, la population nontronnaise s'est montrée paisible; il faut lui rendre cette justice.

Pas plus que le jour de l'expulsion, M. Pabot-Chatelard n'a pu saisir un seul cri favorable à sa cause. On a bien remarqué dans l'entourage du sous-préfet quelques individus à la mine suspecte, mais aucun d'eux n'a osé aventurer la moindre parole contre les expulsés.

Le tribunal de Nontron ne mit pas moins de retard à prononcer la conclusion du jugement qu'à fixer le jour de l'audience. Ces atermoiements faisaient pressentir une sentence défavorable. L'on ne se trompait point. Les juges devaient se déclarer pour l'incompétence! Voici la note insérée dans les feuilles publiques un mois après les débats : (1).

« On écrit de Nontron qu'à l'audience du jeudi 7, le tribunal a rendu son jugement dans l'affaire intentée contre le sous-préfet et le commissaire de police par les Prémontrés, qui avaient saisi le juge des référés d'une action en réintégration de domicile. Comme dans les affaires de cette nature, M. le sous-préfet opposa un déclinatoire d'incompétence. Conformément aux conclusions du procureur de la république, le tribunal s'est déclaré incompétent. »

Nous ne mettrons pas ici les considérants par lesquels le tribunal de Nontron venait de se déclarer pour l'incompétence. C'est la reproduction de tous les lieux communs qui ont servi de base à la prétendue légalité des décrets du 29 mars. La remarquable consultation de Mᵉ Rousse en a fait prompte justice. La conclusion du tribunal de Nontron était ainsi formulée :

« Le tribunal jugeant en référé, joint les causes et statuant par une seule décision, après avoir entendu le ministère public et les parties, les assignés et M. le Préfet de la Dordogne dans leur déclinatoire, se déclare incompétent, renvoie les demandeurs à se pourvoir ainsi qu'ils aviseront, et les condamne aux dépens. » (2)

Ce n'était point assez de se voir chasser de son domicile, ce n'était point assez de se voir priver de la liberté de conscience, ce n'était point assez de voir les portes de sa maison enfoncées, les serrures forcées, les vitres brisées, il fallait encore voir la justice

---

(1) *Écho de la Dordogne*, 10 janvier 1881 — *Courrier de la Dordogne*, 11 janvier 1881.
(2) V. Appendice VIII.

confirmer de son autorité ce qui en d'autres temps eût été qualifié de crimes passibles de toute la rigueur des lois. La décision d'un tribunal venait encore aggraver le malheur de l'innocence en la condamnant aux frais de la plainte !

Il est de ces flétrissures qui sont loin de déshonorer. Plus de quarante tribunaux ont jugé à l'encontre de celui de Nontron. Dans la sentence rendue par ce dernier, les flétris ne sont pas les plaignants. La sentence du tribunal de Nontron nous rappelle cette autre de la Sagesse : « Ne cherchez point à devenir juge, si vous n'avez assez de force pour rompre les efforts de l'iniquité, de peur que vous ne soyez intimidé par la considération des hommes puissants et que vous n'exposiez votre intégrité au hasard de se corrompre » (1).

---

(1) Noli quærere fieri judex, nisi valeas virtute irrumpere iniquitates; ne fortè extimescas faciem potentis, et ponas scandalum in æquitate tuâ.
(*Eccli.* vii. 6.)

CHAPITRE XVII

CONSÉQUENCES DES DÉCRETS

Les Prémontrés de St-Jean-de-Côle après l'exécution des décrets. — Prestations. — Exploits d'un maire républicain. — Suppression du traitement du Curé. — La paroisse de St-Jean est privée des exercices religieux. — Décision du ministre des cultes supprimant les traitements des Prémontrés qui remplissent des fonctions curiales ou vicariales dans le département de la Dordogne.

Les décrets avaient reçu leur exécution dans le Haut-Périgord, la voix de la justice locale avait confirmé cette flagrante iniquité. Il ne restait plus aux victimes de la persécution qu'à attendre le moment du triomphe du droit et de la liberté. Les Prémontrés de St-Jean s'étaient dispersés, obligés de céder à la force brutale. Ils avaient dit adieu à un genre de vie que la tyrannie seule s'arrogeait le droit de proscrire. Mais la Révolution cosmopolite peut-elle s'arrêter dans la voie de l'arbitraire ? Fille de Satan, elle a déclaré la guerre à Dieu. Déguisée en ange de lumière, elle fera sonner bien haut le grand principe de la liberté de conscience pour en mieux établir les conséquences.

Dès le 9 novembre 1880, les Prémontrés de St-Jean s'étaient dispersés ; le gouvernement faisait bon marché de leurs droits, tout en leur conservant encore leurs charges. C'est ainsi que dès le 16 novembre, le supérieur recevait le rôle des prestations pour l'année suivante : on le taxait pour tout le personnel de sa maison comme si l'exécution des décrets n'avait pas eu lieu. Nous en avons la preuve dans la lettre suivante, reproduite par *l'Union Nontronnaise* du 21 novembre.

Château de Lamarthonie, à St-Jean-de-Côle,
le 17 novembre 1880.

Monsieur le sous-préfet,

Je viens de recevoir le rôle des prestations pour 1881. A mon grand étonnement, je me vois qualifié de *Supérieur des Prémontrés* de Boni, et c'est à ce titre, sans doute, que je me vois taxé à raison de six personnes, soit dix-huit journées.

Je suis à me demander en vertu de quelle loi existante je vois sextupler ma personne.

Serait-ce comme supérieur des Prémontrés ? Mais ignorez-vous que, par arrêté du 8 novembre 1880, signé : *Catusse*, contresigné : *Drouin*, « *l'agrégation formée à Saint-Jean-de-Côle, par les membres de l'association non autorisée, dite des Prémontrés, est dissoute* » et que vous êtes venu vous-même, flanqué de deux crocheteurs, nous signifier cet arrêté et le faire exécuter *manu militari* ?

Serait-ce comme propriétaire ? Mais je ne possède pas un lopin de terre en ce pays du Périgord.

Serait-ce comme étant domicilié à Boni ? Mais vous êtes venu vous-même, à la tête de quatorze gendarmes, me mettre à la porte du domicile que j'avais fixé en cet endroit.

Je veux bien me soumettre à la loi existante du 21

mai 1836, mais je suis à me demander cependant si la violation flagrante de mon domicile, opérée en votre présence le 9 de ce mois, ne me dispense pas de supporter, désormais, les charges communes aux autres citoyens, me voyant frustré, par arrêté préfectoral, d'une des libertés les plus chères à tout citoyen français.

Veuillez agréer, monsieur le sous-préfet, mes humbles salutations.

E. PAULIN,
ancien supérieur des Prémontrés.

Au commencement de janvier 1881, ont lieu les élections municipales ; l'administration civile de St-Jean-de-Côle subit un changement complet. Le *Courrier de la Dordogne,* passant en revue les heureux privilégiés du suffrage universel, s'exprime ainsi sur le résultat obtenu dans le pays dont nous traçons l'histoire : « A St-Jean-de-Côle est élu maire M. Négrier, républicain, dont la fille est carmélite ; adjoint, M. Rey, notaire, non moins républicain. Il n'est pas sûr que sous un autre gouvernement, il ne fût pas d'une opinion différente, mais enfin, pour le quart d'heure, il est républicain ».

Nous ne voulons pas nous prononcer sur la valeur de cette assertion, mais il faut l'avouer, les nouveaux élus n'étaient que trop connus par leur hostilité aux congrégations religieuses.

Gens d'un savoir moins que médiocre en fait de religion, leur intelligence n'eût jamais pu comprendre que l'homme est capable de sacrifier tous les avantages temporels pour le nom de Jésus-Christ. Aux yeux des citoyens Rey et Négrier, l'exécution des décrets avait manqué de vigueur ; à leur avis le gouvernement avait montré une trop grande mansuétude. Au jour de l'exécution, Drouin et Pabot ne crurent pas devoir faire appel au dévouement officieux de nos deux personnages ; force fut à ces derniers de rester dans l'ombre. Les sbires préfectoraux voulurent seuls conquérir les lauriers du crochetage. Cela n'empêchera pas les oubliés de compléter à toute heure l'œuvre officielle en exerçant contre les Prémontrés de Saint-Jean une mesquine persécution de chaque jour, vrai moyen de faire la cour à M. le préfet de la Dordogne. Ils ne sont pas rares ceux qui, dédaignant de courber leur front devant l'autorité suprême de Dieu, ne craignent pas de se traîner lâchement aux pieds d'un simple mortel, souvent plus vil encore que ses adorateurs.

Rayer des listes électorales, et cela de sa propre autorité, le nom des Prémontrés que le gouvernement avait laissés à St-Jean-de-Côle, le jour du crochetage, tel fut le premier acte administratif du nouveau maire. C'était débuter par une injustice flagrante. Le savoir juridique du citoyen Négrier est loin d'être profond. Un article du code prescrit de donner avis aux intéressés de leur élimination. C'est une loi existante. Mais doit-on faire un crime au maire de Saint-Jean-de-Côle de ne point s'entendre en ces matières? Ses électeurs, voilà les vrais coupables ! N'auraient-ils pas dû exiger de leur candidat un brevet de capacité, avant de lui confier les intérêts de leur commune ?

Plusieurs fois, le maire de St-Jean-de-Côle avait attribué à un entêtement systématique le refus des Prémontrés à formuler une demande d'autorisation. Aux yeux du citoyen Négrier, c'était un crime, et il se croyait obligé de déployer toutes les forces de sa puissance, pour punir les rebelles et les mettre hors la loi. Aussi lui en coûtait-il de se décider à donner gain de cause à ceux dont il n'avait pas craint de violer les droits d'une façon si étrange.

Battu sur ce point, le potentat municipal ne se laisse pas décourager, il est prêt à saisir la première occasion pour satisfaire sa haine anti-religieuse.

Chaque trimestre, une feuille est soumise à la signature des maires pour attester que le curé a réellement résidé dans sa commune. Sur la foi de cet écrit, le mandat de paiement est délivré au ministre du culte, et voici ce qui se passait à Saint-Jean-de-Côle. Le refus persistant du conseil municipal à pourvoir aux réparations urgentes du presbytère paroissial avait rendu le séjour de ce dernier fort insalubre pour un vieillard. Aussi le curé s'était-il vu dans la pénible nécessité d'abandonner ce local et de louer une autre habitation à ses frais dans le périmètre de la commune. C'était son droit, et d'ailleurs le service religieux n'en souffrait aucunement. Au point de vue légal, c'était irréprochable. Tel ne fut pas l'avis de M. le maire. Un tel état de choses était de nature à blesser profondément la délicatesse de sa conscience. « Il est de mon devoir de régulariser une pareille situation, disait le citoyen Négrier. » M. le maire a trouvé bientôt le moyen de remplir le grave devoir impérieusement exigé de lui par les inexorables cris de sa conscience timorée ; il refuse de constater la résidence du curé et lui fait supprimer de la façon la plus injuste et par un procédé des plus iniques un traitement dû en toute rigueur de justice, attendu que le service religieux avait été fait le plus régulièrement possible.

En d'autres temps, un préfet eût flétri sans miséricorde cette indigne conduite. Il eût provoqué une enquête et soigneusement examiné si le maire ne cherchait pas à satisfaire quelque vile passion. Au moins, il était de toute justice d'informer l'intéressé de la mesure prise à son égard. Il n'en fut rien. Le préfet Catusse trouvait l'occasion favorable d'exercer un acte de persécution et loin d'infliger un blâme à l'auteur de cette injustice révoltante, il trouva bon d'approuver sa tactique. Toute cette machination s'était tramée dans l'ombre, mais ces menées déloyales ne tardèrent pas à se faire jour dans le public malgré les efforts de leurs auteurs pour les dérober à la connaissance des honnêtes gens.

Une feuille juridique apprécie de la façon suivante la question qui nous occupe :

« Si le curé a été réellement résident, le maire n'a pas le droit de refuser le certificat de résidence; il commet une sorte de forfaiture et cause un préjudice. En raison de l'abus dont il se rend coupable dans l'exercice de ses fonctions, il faut le dénoncer au ministre de l'intérieur et, au besoin, au conseil d'Etat; en raison du préjudice qu'il cause, il peut être actionné devant les tribunaux civils.

« Nous disons absolument la même chose du préfet. Si quelque loi l'autorise à suspendre la solde d'un traitement, il est tenu à le faire savoir à l'intéressé, par un arrêté motivé. Il faut qu'il y ait enfin jugement administratif ou autre. La qualité de fonctionnaire ne le soustrait pas à la juridiction des tribunaux civils quand il s'agit d'attentat à la propriété. Or, le traitement d'un ecclésiastique constitue sa propriété, et le lui retenir sans motif au-delà du terme réglementaire, c'est commettre une injustice qui relève des tribunaux. Retenir un mandat sans s'occuper autrement de son légitime propriétaire, c'est un déni de justice révoltant (1). »

(1) *Ami du clergé*, 9 septembre 1880, p. 443.

Mgr Dabert, évêque de Périgueux, exigea que le maire de St-Jean fit des efforts pour réparer l'injustice qu'il avait commise, mais celui-ci n'opposa que du dédain aux instances épiscopales. Ce fut alors que Mgr Dabert se vit réduit à retirer le curé de Saint-Jean-de-Côle. La paroisse fut ainsi privée des exercices religieux et devint la triste victime de la malveillance du premier administrateur civil de la commune.

Le conseil municipal était loin de partager l'avis du maire et d'approuver sa conduite. St-Jean-de-Côle est une commune qui n'entend pas se passer de curé sur le simple motif que les sieurs Rey et Négrier n'en reconnaissent pas la nécessité pour eux. Dans une séance tenue le 2 avril 1881, le conseil municipal déclara au maire, qu'à tout prix il fallait un curé à la commune, qu'il fût ou non Prémontré. Cette déclaration catégorique n'empêchera pas le citoyen Négrier d'affirmer que la commune ne veut pas un Prémontré pour curé. C'est prendre trop vite un désir personnel pour la réalité.

Ces affaires avaient pris de la consistance, la presse s'en était emparée. Une feuille nauséabonde de Périgueux se mit à les livrer à la publicité en saupoudrant son récit de faussetés manifestes. Voici un extrait de cette prose écrite en vrai style de palefrenier (1) :

« En somme, tout allait assez bien pour les sept Prémontrés, qui se moquaient des décrets à la barbe du gouvernement. Malheureusement le troisième (2), oubliant son rôle de curé, lâcha la cure, abandonnant le service de la paroisse et revint tranquillement s'ins-

(1) *Réveil de la Dordogne*, 7 mai 1881.

(2) Le curé de St-Jean-de-Côle n'a jamais été prémontré ; personne à Saint-Jean ne s'est jamais fait illusion sur ce point ; l'auteur de l'article savait fort bien que son affirmation était un pur mensonge.

taller (1) en compagnie du supérieur (2) et du propriétaire (3) dans la maison dont le sous-préfet de Nontron l'avait expulsé(4) laissant son vicaire en tête-à-tête avec les paroissiens de St-Jean-de-Côle.

« Mais le maire de la commune a trouvé la farce un peu raide et a découvert un excellent moyen de pincer le curé lâcheur (5). Il a tout bonnement refusé net de remplir et de signer la feuille de présence (6), sur la présentation de laquelle le curé prémontré (7) se fait payer son traitement. En un mot, il lui a coupé les vivres. »

Pas n'est besoin de citer en entier ce vrai tissu de mensonges. Les quelques lignes que nous venons de donner montrent assez l'insigne mauvaise foi du correspondant de la feuille radicale de Périgueux. Aussi le voit-on prudemment se couvrir du voile de l'anonyme. Il comprend lui-même que la plume se refuse à dénaturer les faits, à les travestir et à les fausser.

(1) C'était son droit. Cette maison faisait partie de la commune de St-Jean-de-Côle. Un curé n'est pas obligé d'habiter le presbytère, surtout si le séjour de celui-ci peut être nuisible à sa santé.

(2) Le supérieur n'a jamais habité cette maison depuis l'expulsion, il habitait le château de Lamarthonie.

(3) Au moment de l'expulsion, il n'y avait pas de propriétaire à Boni, il n'y avait qu'un mandataire des propriétaires.

(4) Le 9 novembre 1880, M. Cailhol, curé de St-Jean, était loin du théâtre du crochetage. Il ne pouvait donc avoir été expulsé d'une maison dans laquelle il ne se trouvait pas.

(5) Quitter une maison parce qu'elle est malsaine et en habiter une autre à une faible distance de la première ne constitue pas un abandon aux yeux des honnêtes gens, qui d'ailleurs ne se serviraient pas de termes dont l'inconvenance retombe sur ceux qui les emploient.

(6) Agir ainsi, c'est tout simplement commettre une grave injustice. Le maire doit constater la résidence ou la non-résidence du curé et ne peut refuser arbitrairement cette constatation. M. le curé de Saint-Jean-de-Côle résidait sur le territoire de la commune, et le service religieux était accompli le plus exactement possible.

(7) Nous avons dit que M. Cailhol, curé de St-Jean-de-Côle, n'avait jamais appartenu à l'ordre de Prémontré.

Dès le jour où M. le maire de Saint-Jean-de-Côle a *coupé les vivres* à son curé par l'emploi de moyens dont tout honnête homme peut apprécier la loyauté, Mgr Dabert retire le curé de la paroisse et le transfère en un pays où l'on saura mieux apprécier le don de Dieu. C'est alors que M. Négrier, blessé d'une mesure réclamée par l'équité, conçoit un projet vraiment singulier. « On ôte le curé, dit-il ; eh bien ! je ferai venir un ministre protestant ! »

Voyant que la population est loin d'approuver leur conduite, MM. Négrier et Rey se décident à faire une démarche qui leur fait honneur. Il se rendent à l'évêché de Périgueux et supplient Monseigneur de nommer un curé à St-Jean-de-Côle. Mais tout à coup se découvre une manœuvre aussi peu loyale que la première.

Bien avant l'exécution des décrets, quelques Prémontrés remplissaient des fonctions paroissiales dans certaines communes de la Dordogne. Ils avaient quitté leur costume religieux et s'étaient fait incorporer dans le clergé diocésain. Un journal du département peu favorable à la religion trouvait cet état de choses inattaquable (1). Tel ne fut pas l'avis du Ministre des Cultes. M. Constans tout heureux de saisir une occasion de plus de manifester sa haine contre la religion et de continuer l'œuvre persécutrice qu'il a si bien commencée, donne l'ordre de supprimer sans autre forme de procès, le traitement des anciens membres de la communauté de St-Jean-de-Côle qui remplissent des fonctions rétribuées. Voici la teneur de la lettre adressée par M. le sous-préfet de Nontron au maire de St-Pardoux-la-Rivière (2).

(1) *Avenir de la Dordogne*, 26 mars 1881.
(2) Une copie de la décision ministérielle fut également adressée au maire de St-Romain et de St-Jean-de-Côle.

SOUS-PRÉFECTURE 　　　　　Nontron le 2 juin 1881.
　　de
　NONTRON

Monsieur le Maire,

« J'ai l'honneur de vous informer que M. le ministre de l'Intérieur et des Cultes vient de décider qu'il ne serait plus à l'avenir délivré de mandats au nom d'ecclésiastiques ayant fait partie de l'agrégation dite des Prémontrés qui, avant l'exécution des décrets du 29 mars 1880, était établie à St-Jean-de-Côle, qu'autant que ceux-ci, après avoir justifié de leur qualité de prêtres originaires du diocèse consentiraient à renoncer au costume du dit ordre pour prendre celui du clergé concordataire et occuperaient des fonctions paroissiales en dehors du cercle d'action de leur établissement précédemment dissous.

« En conséquence, Monsieur le maire, il sera inutile d'établir désormais le certificat de résidence du vicaire actuel de St-Pardoux, celui-ci ayant fait partie de la congrégation des Prémontrés de St-Jean, et votre commune se trouvant dans le cercle d'action de l'ancien établissement de ces religieux.

« Je vous prie en outre de vouloir bien porter à la connaissance de l'intéressé la décision de M. le Ministre.

« Recevez, Monsieur le maire, l'assurance de ma considération très distinguée.

　　　　　　　　　　　　　Le Sous-Préfet,
　　　　　　　　　　　　　　PABOT. »

Ainsi donc, avoir fait partie d'une congrégation non autorisée est, aux yeux de M. le Ministre de l'Intérieur et des Cultes, un crime capital qui frappe d'incapacité complète les religieux Prémontrés. C'est le bannissement pur et simple. St-Romain est à deux kilomètres de St-Jean-de-Côle, St-Pardoux-la-Rivière en est à quatorze : ces deux pays sont dans le *cercle d'action* de la communauté dissoute ! Sur quelle loi existante, M. le Ministre appuie-t-il cette décision ? Où se trouve la loi qui trace les limites du *cercle d'action* d'un établissement dissous ? Aux yeux des honnêtes gens, on donne à cette conduite inique les noms de vol et de tyrannie.

A l'heure où nous écrivons, les choses en sont encore au même point. La décision du Ministre des Cultes n'a point été rapportée. La paroisse de St Jean-de-Côle n'a plus de pasteur. Ils sont bien coupables ceux qui, ne cherchant qu'à satisfaire leur haine implacable contre la religion, privent les âmes de la réception des sacrements, de l'assistance au saint sacrifice, les dimanches et jours de fêtes, et souvent de la présence du prêtre au lit de la mort ! quelle écrasante responsabilité ils assument devant Dieu ! Leur piteux dédain ne saurait les soustraire à la justice du Dieu vivant entre les mains duquel ils tomberont un jour.

Quant aux victimes des décrets du 29 mars, elles savent que leurs épreuves sont loin d'être terminées. Elles plaignent ces hommes qui foulent aux pieds les sentiments les plus intimes de leur conscience et se font les lâches instruments de ceux qui ont juré de combattre sans relâche le règne de J.-C. Viendra le jour où ils reconnaîtront toute l'étendue de leur iniquité; mais le temps de la miséricorde sera passé !

1er Août 1881.

APPENDICE

I

Abbaye de Peyrouse

L'abbaye de Peyrouse (Petrosa) était une fille de Cîteaux. Elle fut fondée en 1153. Située au fond d'une étroite vallée à l'extrême limite des paroisses de St-Martin de Fressengeas et de St-Saud, à six kil. de Saint-Jean-de-Côle, elle était traversée par un petit cours d'eau. Ce monastère occupait le 69e rang dans le catalogue des abbayes de Cîteaux. Il fut réparé à plusieurs reprises dans les siècles passés, mais aujourd'hui, il n'en reste que des ruines. La chapelle est encore debout, mais déserte. Une fois par an, la paroisse de St-Saud s'y rend en pèlerinage. Une partie du cloître subsiste encore, ainsi qu'une aile de l'ancien couvent, on y voit le magnifique escalier qui conduisait à l'étage supérieur, la salle du réfectoire et quelques cellules. Les divers propriétaires qui ont successivement occupé depuis 1793 cette magnifique abbaye n'ont fait que compléter l'œuvre destructrice de la Révolution, dont le triste privilège est de ne laisser après elle que le sang et les ruines. Encore quelque temps et l'on pourra dire de l'antique abbaye de Peyrouse : *Etiam periere ruinæ*. La *Gallia Christiana* (1) nous donne la liste suivante des abbés de Peyrouse :

1. Roger, moine de Clairvaux, premier abbé d Peyrouse. Il fut plus tard abbé des Trois-Fontaines, à Rome.

2. Pierre.

3. Etienne Ier, en 1235 et 1246.

4. Guillaume Ier, en 1270 et 1275.

5. Jean Ier, qui fit un contrat avec Arthur, vicomte de Limoges, en 1293.

6. Raymond Ier, en 1303.

7. Bernard Ier, en 1305, 1323 et 1328.

8. Etienne II, en 1366.

9. Fortonarius Ier, en 1387, 1390, 1392 et 1400.

10. Guillaume II, en 1400.

11. Fortonarius II en 1404. On croit que ce n'était point un personnage différent de Fortonarius Ier.

12. Guillaume III de la Sauzède, prieur de N.-D. de la Garde, près de Périgueux en 1409. Cette église fut unie, peu de temps après, à l'abbaye de Peyrouse, et c'est ainsi que Guillaume III fut abbé de cette dernière abbaye en 1416 et 1421.

13. Raymond II, en 1430 et 1436.

14. Bernard II de Mayac, de 1442 à 1478. Il agrandit les possessions du monastère.

15. Itère de Podio, dominicain, professeur de théologie, licencié ès-lois, protonotaire apostolique, premier abbé commendataire, le 31 mars 1478.

16. Jean II de Peyrouse, commentadaire, 1490 et 1497.

17. Charles de Cadis d'Escars, d'une noble famille du Limousin, protonotaire apostolique et abbé commendataire en 1502.

---

(1) *Eccl. Petroc.*, col. 1505.

18. Jean III de Pompadour, protonotaire apostolique, frère de François, abbé d'Uzerche, fut abbé de Peyrouse en 1555.

19. Veyssière, abbé de Peyrouse, au nom des seigneurs de Pompadour en 1564.

20. Jean IV Vigier de St-Matthieu, baron de Saint-Pardoux-Larivière, nommé par le roi à l'abbaye de Peyrouse, le 4 janvier 1572. Grégoire XIII confirma cette nomination par une bulle du 8 avril 1573. Jean IV prit possession de son abbaye le 28 juin de la même année. Il siégeait encore en 1602.

21. Nicolas Ier du Mazeau, chanoine et chantre de l'église de Périgueux, abbé commendataire en 1626.

22. Nicolas II de la Brousse, neveu du précédent et son successeur, comme abbé de Peyrouse, comme chanoine et chantre de l'église de Périgueux. Il mourut en 1674 et fut enterré dans l'église cathédrale de St-Etienne de Périgueux.

23. Théobald de la Brousse, chanoine et sous-chantre de l'église de Périgueux, obtint la commende de Peyrouse en 1663, à la démission de son oncle; il prit possession de son titre en 1665. Il l'occupait encore en 1713.

24. Pierre de la Brousse de Vorteillac, nommé abbé de Peyrouse, au mois de janvier 1719.

II

Abbaye de Boschaud

L'abbaye de Boschaud (*Boscum-cavum*), Bois creux, située, dit la *Gallia Christiana*, dans la paroisse de St-Martial de Villars, laquelle dépendait du prieuré de St-Jean-de-Côle (1), fut fondée en 1154 ou 1155 par l'abbaye de Peyrouse dont elle n'est éloignée que de deux lieues. Les protestants détruisirent ce monastère. Il ne reste aujourd'hui que les belles ruines de l'église, si bien décrites par M. Félix de Verneilh (*Arch. Byz.* p. 209). Voici ce que nous trouvons dans la *Gallia Christiana* touchant les abbés de ce monastère :

1. Bertrand. En 1330, on trouve un contrat entre cet abbé et Arnaud de Bith, chapelain ou vicaire perpétuel de l'église de Rieucau, diocèse d'Agen.

2 Jean de Peytors de 1465 à 1470. C'est à sa demande que Rodulphe, évêque de Périgueux, voulant obvier à la ruine de l'abbaye de Boschaud, et désireux de développer la grandeur du culte divin, unit, le 12 avril 1490, à ce monastère l'église paroissiale de Frugie, à la réserve de certaines conditions. Cette donation fut confirmée par le chapitre de St-Etienne de Périgueux le 17 avril. Enfin le pape Sixte IV la confirma égale-

---

(1) In parochiâ S. Martialis de Villars a prioratu Sancti Johannis de Cola dependente. (*Eccl. Petroc.*, col. 1506.)

ment par une bulle adressée à l'abbé de Brantôme, le 8 octobre 1481.

3. Gabriel Gentil, abbé commendataire en 1490 et 1514.

4. François I*er*, dit Audon de la Ferrière, abbé commendataire.

5. Jourdain Pistor ou Peytours, élevé à la dignité de prieur claustral par le chapitre, le 20 novembre 1517. En 1490, il était prieur de Martigne, prieuré dépendant de Boschaud ; cette élection fut confirmée par Pierre, abbé de Clairvaux. Il travailla beaucoup pour l'utilité de son monastère.

6. Pierre Bonneau, abbé régulier en 1525 et 1530.

7. François II de Belair, en 1534 et 1539.

8. Armand de la Marthonie, commendataire, en 1624 et 1627.

9. Charles de la Marthonie, seigneur de Puyguilhem en 1633 et 1642.

10. D'Aydie de Bernardière.

11. De Flexelles, abbé en 1670

12. De Chabenas de Bonneuil, en 1680.

13. Imbert Jaschier, chapelain du Roi, abbé en 1680, au mois de mai ou d'avril ; il donna sa démission en 1705 et mourut en 1710.

14. Joseph de Médidier, élu abbé le 30 mai 1705.

III

Bulle de Célestin III à Guy, prieur de St-Jean-de-Côle

Celestinus, episcopus, servus servorum Dei, dilectis filiis, Guidoni priori Ecclesiæ sancti Johannis de Cola, ejusque successoribus... Sub beati Petri et nostrâ protectione suscipimus... firma vobis vestrisque successoribus ut illibata permaneant in quibus hæc propriis duximus exprimenda vocabulis; locum ipsum in quo præfata ecclesia sita est cum omnibus pertinentiis suis, capellam sancti Johannis de Colâ, capellam sancti Leonardi de Jovenc; ecclesiam sancti Petri de Colâ; capellam sancti Saturnini de Bruzac; ecclesiam sancti Martialis de Villars; ecclesiam sancti Frontonis de Laribière; ecclesiam sancti Martini de Fraichainac; ecclesiam sancti Clementis; ecclesiam sancti Aniani de Chalesio; ecclesiam sancti Georgii de Chalesio; ecclesiam sancti Saturnini de Trogonan (1); ecclesiam sancti Martini quæ est juxta Petragoran et ecclesiam sancti Martineti quæ de Juissac;

(1) St-Saturnin de Trogonan ou Trigonan se trouvait dans la commune d'Antonne, près du confluent de l'Auvézère et du Coulour, non loin de Périgueux. Cf. de Gourgues. *Dict. topogr. de la Dordogne*, p. 329.

capellam sancti Johannis de Bars; capellam sancti Andreæ de Mombru cum omnibus earum pertinentiis.

Datum Romæ apud sanctum Petrum, Non. Junii, indictione decimâ, Incarnatione Dom. anno MCXCII.

Confirmation des Privilèges des chanoines réguliers de Saint-Jean-de-Côle par Pierre Mimet, évêque de Périgueux en 1173.

Bernardo Priori et fratribus universis Ecclesiæ S. Johannis de Cola regularem vitam professis, eamdem ecclesiam cum omnibus pertinentiis suis auctoritate pontificali confirmavit : *attendens quod eadem ecclesia, a sui fundatione, ecclesiæ Petragoricensi in omni evocatione subjecta hactenus extitit, ad exemplar prædecessoris sui piæ recordationis Johannis de Assida...* Actum hoc Petragorii, anno ab Inc. Dom. M.C.LXXIII ; episcopatus Dom. Alexandri papæ III an. XV, nostri vero anno V. Ludovico rege Franc. regnante, et Henrico rege Anglorum ducatum Aquitaniæ gubernante. Ex hoc instrumento quod legimus in archivis S. Johannis de Cola, confirmatur tempus ordinationis Petri in episcopum (1).

1) *Gall. chr. Eccl. Petroc.* col. 1469.

V

Inscription des cloches

I. — *Grosse cloche*

Parrain : M. Jean Laurenzo Theulier, juge de paix du canton de Thiviers. — Marraine : Mademoiselle Marie Camille Theulier, sa fille, assistés de MM. Eugène Cros-Desperrières, maire de St-Jean-de-Côle, Jean Martial, adjoint, et M. Pierre Merlet, curé de la paroisse ; refondue et baptisée l'an 1856.

Fecit Peigney pour Gouyot.

II. — *Cloche moyenne*

Sancte Ioannes Baptista, ora pro nobis.

† Christophe Louis comte de Beaumont, marquis de la † Marthonie, premier baron de Périgord, officier de la maison du Roi, parrain. †

Dame Ianne Fonfroide, veuve Delage Labori, marraine. — Dujaric, curé. — Latour Chevouchaud, maire. 1817.

Iacque Martin † Morlet, fondeur.

VI

Acte de la bénédiction de la premiere pierre de la chapelle de Boni

---

D. O. M.

Anno Domini 1877, die 27 mensis Maii,
Pius IX Pontifex Maximus,
præsentibus :
R. P. Edmundo,
Abbate monasterii D. N. Sancti Michaelis,
Superiore generali Primitivæ Observantiæ Ordinis
sacri Præmonstratensis,
Josepho Coldefy, parocho decano de Thiviers,
ejusque vicariis Juliano Barjaud et Joanne Ruffet,
Joanne Taurand, parocho Sancti Joannis de Côla,
D. D. R. Montet, J. Lavergne et J. Ressès,
Bergeracensi, Nontronensi et Riberacensi
Archipresbiteris,
clero decanatûs de Thiviers,
Theresiâ-Augustinâ Faure, ecclesiæ construendæ
fundatrice,

Juliano Theophilo Mandin, architecta,
fidelium concursu innumerabili,
Ill. ac Rev. N. Josephus Dabert,
Petrocorensis et Sarlatensis episcopus,
hunc primum lapidem solemniter posuit ac benedixit
in honorem
sanctissimi Cordis D. N. J. C.
et Dominæ Nostræ de la Salette,
peccatorum reconciliatrice.

VII

§ 1. — Maison de Cosnac.

A 14 kilomètres de St-Jean-de-Côle, près du bourg de Quinsac, un gracieux château commande la riche vallée de la Dronne ; c'est Vaugoubert. Ce manoir fut bâti par Armand d'Aydie, vice-roi de Castille, mort en 1764, sur l'emplacement d'un château plus ancien, que le parlement de Paris avait fait complètement raser. En 1789, Vaugoubert passa aux mains de la famille Thomasson. M. le vicomte de Cosnac en fit l'acquisition, il y a une vingtaine d'années.

La famille de Cosnac tire son nom de la terre de Cosnac, située non loin de la ville de Brive, dans le bas Limousin. Cette noble maison remonte aux temps des croisades, puisque nous voyons Élie de Cosnac prendre part à la troisième de ces glorieuses expéditions ; elle a fourni un grand nombre de personnages distingués.

Les armes de la maison de Cosnac sont : *d'argent, semé d'étoiles de sable, au lion du même, armé, lampassé, et couronné de gueules, brochant sur le tout.*

Tenants : *Deux sauvages.*

Devise : *Neque aurum honora, neque argentum.*

Un cardinal, deux archevêques, quatre évêques et autres personnages éminents ont fait briller d'un vif éclat le nom de Cosnac au sein de l'église de France.

I. Bertrand de Cosnac. D'abord chanoine régulier de saint Augustin et prieur de Brive en 1341, il monta sur le siège épiscopal de Comminges en 1352. Nonce en Espagne en 1356, Innocent VI, le regardant comme très habile à trancher les difficultés les plus ardues, le chargea, en 1361, de faire rentrer le Sacré Collège en possession de ce qui lui était dû (1). Le cardinal Hugues de Roger le choisit comme exécuteur testamentaire en 1374. Enfin Grégoire XI le créa cardinal du titre de Saint-Marcel, le vendredi des quatre-temps de septembre 1372. Bertrand de Cosnac mourut à Avignon, le 17 ou le 18 juin 1374 et fut enseveli dans l'église des Frères Prêcheurs de cette ville. Il nomma exécuteur testamentaire Pierre de Cosnac, son neveu, évêque de Tulle.

II. Bertrand de Cosnac, évêque de Tulle. Il était fils de Hugues II de Cosnac. Nommé à l'évêché de Tulle, en 1371, il fit un voyage à Avignon pour traiter le mariage de Jean Mélion, maître de camp, avec Guiscarde, fille d'Hélie, seigneur de Noailles. La mort vint le surprendre cette année-là même. Il occupe le dixième rang dans le catalogue des évêques de Tulle, donné par la *Gallia Christiana* (2).

III. Pierre II de Cosnac, évêque de Tulle. Il était frère de Bertrand, évêque de Tulle, et neveu du cardinal archevêque de Comminges. En 1365, il était prieur de Brive, et c'est à cette époque qu'il fut reçu docteur en théologie par Guillaume d'Agrifeul. Il devint le successeur de son frère sur le siège épiscopal de Brive, en 1376. En 1398, il avait pour vicaire-général Raymond de Cosnac (3). On pense généralement que Pierre de Cosnac mourut en 1402.

(1) *Gall. chr., Eccl. Convenensis*, col. 1102.
(2) *Eccl. Tutelensis*, col. 770.
(3) *Eccl. Tutelensis*, l. c.

IV. **Daniel de Cosnac, archevêque d'Aix.** Troisième fils de François de Cosnac et d'Eléonore de Taleyrand, il naquit vers 1630, au château de Cosnac, en Limousin. Se sentant appelé à l'état ecclésiastique, il commença ses études à Brive et à Périgueux, et les termina au collège de Navarre, à Paris. Il eut à opter entre le siège épiscopal de St-Flour et celui de Valence ; son choix se porta sur ce dernier, qui comprenait encore à cette époque celui de Die. Il occupa ce siège 33 ans. Il fit rétablir la cathédrale de Die en 1667. En 1687, le diocèse de Die fut séparé de celui de Valence, et ce fut au mois de janvier de cette année, que Daniel de Cosnac fut nommé à l'archevêché d'Aix-en-Provence. Les dissensions qui régnaient entre la cour de Rome et la cour de France empêchèrent que cette nomination ne fut immédiatement agréée du souverain Pontife (1). Aussi Daniel de Cosnac ne fut-il préconisé archevêque d'Aix que dans le consistoire du 26 octobre 1693. Le 9 novembre suivant, il recevait le pallium. Ce prélat mourut le 21 janvier 1708. Il fit plusieurs legs à son séminaire et fit construire deux hôpitaux dans sa ville archiépiscopale (2).

V. **Gabriel de Cosnac, évêque de Die.** Neveu de Daniel de Cosnac, archevêque d'Aix, il fut nommé, le 24 décembre 1701, évêque de Die. Il occupa ce siège jusqu'en 1734, année de sa démission. Il mourut en 1742.

VI. **Daniel-Joseph de Cosnac**, neveu de Gabriel de Cosnac, successivement vicaire-général de Die, d'Aix et de Paris, doyen de St-Germain-l'Auxerrois, maître de l'oratoire du roi, devint le successeur de son oncle sur le siège de Die, en 1734. Il gouverna ce diocèse jusqu'à sa mort, arrivée en 1742.

---

(1) *Eccl. Aquensis*, col. 340.
(2) *Eccl. Aquensis*, l. c.

VII. Jean-Joseph-Marie-Victoire de Cosnac, archevêque de Sens. Né le 24 mars 1764, aumônier du roi, il fut sacré évêque de Meaux, le 7 novembre 1829. Une ordonnance royale du 19 avril 1830 le nomma archevêque de Sens. Il est mort au château de Cosnac, le 24 octobre 1843.

VIII. Antoine de Cosnac, abbé de Baigne. Il était fils de Pierre de Cosnac et de Louise de Noailles, que ce seigneur avait épousée en 1452. Il fut d'abord moine de Majormoutier, puis abbé de Baigne, au diocèse de Saintes (1).

IX. Raymond de Cosnac, vicaire-général de Pierre de Cosnac, évêque de Tulle. En 1398, il assista au concile national de Paris (2).

X. Clément de Cosnac, né le 15 mars 1596, oncle de Daniel de Cosnac, archevêque d'Aix. Bachelier de Sorbonne, il devint prieur de Croixe, prévôt de Gumont et enfin archiprêtre de Brive, au diocèse de Tulle.

§ 2. — Maison de Chabans.

Parmi les châteaux qui dominent la vallée de la Côle, un des plus remarquables est sans contredit celui de la Chapelle-Faucher, à dix kilomètres de St-Jean-de-Côle, possédé par la famille de Chabans.

Ce manoir féodal appartenait primitivement à la maison de Farges. L'alliance de Charles de Chabans

(1) *Eccl. Santon.*, col. 1119.
(2) *Eccl. Tutel.*, col., 670.

avec Marguerite de Farges, fit passer en 1515, la terre et le château de la Chapelle-Faucher, dans la noble maison des Joumard de Chabans, d'antique et chevaleresque lignage. La famille de Chabans est une des plus anciennes du Périgord. En 1289, nous trouvons Matthias de Chabans, comme chambellan et grand panetier du roi. Deux de ses descendants, Pierre et Aymar de Chabans, dit M. de Verneilh, figuraient parmi les chevaliers qui avaient pris parti pour le seigneur de Castelnau dans sa querelle avec le baron de Baynac, querelle qui fut arrangée le 22 novembre 1354, par l'intermédiaire de Jean de Galard, seigneur de Limeuil, et de Hélie de Sommiers, chevaliers. Au XVIIe siècle, le marquis de Chabans, maréchal de camp, accompagnait le jeune et aventureux duc de Guise, à la conquête du royaume de Naples, et lui donnait, dans cette malheureuse campagne, des preuves du plus notable dévouement et de cette folle bravoure qui devait signaler bientôt les héros de la Fronde (1).

Le château de la Chapelle-Faucher joua un rôle important durant les guerres de religion. Les protestants y massacrèrent 260 paysans catholiques. Ce château a eu le rare privilège d'échapper au vandalisme des bandits révolutionnaires. Si M. de Chabans se vit forcé d'émigrer en 1793, il n'eut pas la douleur de voir la demeure de ses pères passer en des mains étrangères. Le château de la Chapelle-Faucher est dans un état parfait de conservation. Il peut rivaliser sous bien des rapports avec celui de Puyguilhem qui n'en est éloigné que de quelques lieues. Occuperait-il un degré inférieur au point de vue des richesses archéologiques, qu'il l'emporte assurément sur son voisin par

---

(1) *Le Château de la Chapelle-Faucher*, par M. J. de Verneilh, p. 6. — Périgueux, 1876.

les avantages d'une position qui en faisait, dans les temps passés, une des portes du haut Périgord.

M. le marquis de Chabans, mort en 1878, a été trop tôt enlevé à l'affection de ses enfants. Sa mémoire est en bénédiction dans le pays, et son nom est aujourd'hui noblement porté par son honorable famille, dignement représentée en la personne de Mme la comtesse Yvonne de Chabans.

VIII

Jugement du tribunal de Nontron.
Déclaration d'incompétence.

———

Attendu que par deux exploits enregistrés, portant la date du 16 novembre dernier, M. Pabot-Chatelard, sous-préfet de Nontron, et M. Drouin secrétaire-général de la préfecture de la Dordogne, ont été assignés en référé pour s'entendre condamner à réintégrer les demandeurs dans la propriété de leurs immeubles situés au lieu dit de Bonis, commune de St-Jean-de-Côle, prétendant avoir été abusivement troublés dans l'exercice de leur droit de propriété par l'expulsion violente, de leur domaine, des personnes qui s'y trouvaient par leur volonté, notamment le sieur Moreau, leur représentant ;

Qu'à cette demande, MM. Pabot, Drouin, et M. le Préfet de la Dordogne ont répondu par un déclinatoire d'incompétence, fondée sur ce qu'il s'agissait d'un acte administratif que l'autorité judiciaire ne pouvait apprécier :

Attendu qu'en cet état, il y a pour le tribunal, avant de dire s'il est ou n'est pas compétent, nécessité d'examiner si l'expulsion dont il s'agit constitue le trouble dont se plaignent les demandeurs, ou l'acte administif que les assignés disent avoir accompli ;

Attendu, en fait, qu'il résulte du procès-verbal dressé par l'officier de gendarmerie agissant sous les ordres des assignés, que cinq des six prêtres qui habitaient les immeubles des demandeurs en ont été expulsés le 9 novembre dernier ;

Qu'il est certain que ces cinq prêtres constituaient la société non autorisée des Pères Prémontrés ; que cette société n'est pas niée, qu'elle est au contraire ouvertement avouée par ses membres, dont trois sont venus à l'audience revêtus du costume de leur ordre;

Attendu que, pour opérer l'expulsion de cette société, on a dû, à cause de la résistance opposée, employer la force : faire ouvrir deux portes et en enfoncer une troisième, celle de la chambre du Père prieur ;

Attendu qu'en remplissant la mission qui leur était confiée par arrêté préfectoral du 8 novembre dernier, les assignés n'ont expulsé que les membres de la société non autorisée, faisant même exception pour le père Moreau, qui a été maintenu dans la possession des immeubles comme représentant des propriétaires ; que c'est donc à tort que les demandeurs réclament leur réintégration dans la possession de leur domaine, n'en n'ayant pas été dépouillés :

Attendu que le seul fait de trouble, que l'on puisse relever dans l'expulsion dont s'agit, est l'obstacle mis au libre exercice du droit de propriété des demandeurs ; mais que pour ce seul fait de trouble le tribunal ne peut se rendre compétent, sans faire la censure de l'acte des assignés, acte qui devait nécessairement entraîner ce trouble, puisqu'il s'agissait de faire cesser l'usage que les demandeurs faisaient de leur propriété en faveur des Pères Prémontrés ; qu'il importe dès lors de rechercher si les assignés pouvaient faire cesser cet usage et faire, malgré cela, un acte administratif régulier ; qu'il est certain qu'ils le pouvaient, si les demandeurs faisaient de leur chose un usage défendu;

Attendu qu'aux termes des articles 537 et 544 du code civil, le propriétaire ne peut faire de son bien un usage prohibé par la loi ; que les demandeurs, en disposant de leurs immeubles en faveur d'une congrégation non autorisée, faisaient évidemment de leur propriété un usage défendu par les lois prohibitives de cette société ; que ce serait, en effet, aller ouvertement contre ces lois s'il était permis à un propriétaire d'abriter les sociétés prohibées derrière son droit de propriété en les recueillant sur son fonds et en leur en donnant la jouissance ; que les difficultés du procès se réduisent donc à savoir : 1° s'il existe encore des lois prohibitives des sociétés religieuses ; 2° si l'exécution de ces lois appartient au gouvernement et à ses représentants ; 3° enfin, si dans l'espèce, les agents du gouvernement ont réellement exécuté ces lois et accompli ainsi un acte administratif ne pouvant être soumis à l'examen des juges ordinaires ;

Sur le premier point, les lois prohibitives des congrégations religieuses :

Attendu que les lois des 13-19 février, 17 août 1790, 18 août 1792, 8 germinal an X, 3 messidor an XII, prononcent formellement la dissolution des congrégations religieuses ; celle des 13-19 février 1790, en abolissant « *les vœux monastiques solennels* », et en déclarant SUPPRIMÉS les ordres et congrégations réguliers dans lesquels on fait de pareils vœux ;

Celle du 18 août 1792, en déclarant ceci dans son article 1ᵉʳ : « Les corporations et congrégations séculières d'hommes et de femmes ecclésiastiques ou laïques, même celles uniquement vouées aux services des hôpitaux et au soulagement des malades, sous quelque dénomination qu'elles existent en France, soit qu'elles ne comprennent qu'une maison, soit qu'elles en comprennent plusieurs, ensemble les familiarités, confréries, les pénitents de toute couleur, les pèlerins et toutes autres associations de piété et de charité sont éteintes et supprimées à partir de la publication du présent décret » ;

Celle du 8 germinal an X, en disant dans son article XI : « Les archevêques et évêques pourront, avec l'autorisation du gouvernement, établir dans leurs diocèses des chapitres cathédraux et des séminaires, tous autres établissements ecclésiastiques sont supprimés » ;

Enfin, celle du 3 messidor an XII, en déclarant dans son article 3 : Les lois qui s'opposent à l'admission de tout ordre religieux dans lequel on se lie par des vœux perpétuels continueront d'être exécutées selon leur forme et teneur; » — et dans son article 4 : « Aucune agrégation ou association d'hommes ou de femmes ne pourra se former à l'avenir, sous prétexte de religion, à moins qu'elle n'ait été formellement autorisée par un décret impérial, sur le vu des statuts et règlements, pour être vérifiés en Conseil d'Etat » ;

Attendu qu'en présence de ces textes il ne peut y avoir le moindre doute sur le premier point ;

Que, néanmoins, on essaie de le faire naître à l'aide de plusieurs objections, notamment en soutenant : 1° que ces lois sont surannées et tombées en désuétude ; 2° qu'elles ont été abrogées par l'article 291 du code pénal ; 3° que, si elles existent encore, elles ne sont pas applicables aux sociétés de fait ;

Sur la première objection :

Attendu que ces lois sont toujours en vigueur, qu'elles ont été visées par les tribunaux et appliquées par le gouvernement depuis leur promulgation jusque dans ces derniers temps ; qu'il suffit, pour le prouver, de rappeler, comme exécution par le gouvernement, les nombreux décrets de dissolution rendus depuis 1811 jusqu'en 1861, et, comme jurisprudence, 1° un arrêt de la cour de cassation de 1818 ; 2° les arrêts des cours de Douai de 1826, de Paris du 18 août de la même année, de Caen du 20 juillet 1846, d'Orléans du 20 février de la même année, confirmé par la cour de cassation le 28 décembre de l'année suivante, enfin d'Alger du 27 mars 1868, confirmé par la cour de cassation du 1ᵉʳ juin 1869, — ces arrêts visant non seulement la législation de la Révolution et de l'Empire, mais encore les édits e arrêts rendus sous l'ancienne monarchie ;

Sur la deuxième objection :

Attendu que l'article 291 du code pénal n'a nullement abrogé l'ancienne législation sur les congrégations religieuses ; que cet article n'a, en effet, pour but que de réprimer les sociétés secrètes, sociétés temporaires, périodiques, punissables, et essentiellement différentes des associations religieuses, vivant au grand jour, et permanentes, quand elles sont tolérées ; que cette non-abrogation est, du reste, parfaitement reconnue par la jurisprudence, notamment par un arrêt de la cour de Caen du 20 juillet 1846, confirmé par la cour de cassation, et qui déclare : « Que le décret de messidor an XII (lequel rappelle les lois antérieures) n'est abrogé ni par l'article 291 du code pénal, ni par la charte de 1830 ;

Sur la troisième objection :

Attendu qu'il est dit, à l'appui de cette objection : 1° Que la loi de 1790 reconnaît elle-même les sociétés de fait, puisqu'elle permet aux religieux dont les couvents sont supprimés de vivre en commun dans certaines de leurs maisons ; 2° qu'on trouve, en outre, la preuve d'une reconnaissance quasi-légale non seulement dans les actes du pouvoir législatif, mais encore dans ceux du pouvoir exécutif : le premier leur ayant permis d'enseigner par les lois de 1850 et 1875, — le second ayant traité avec ces sociétés en faisant avec elles des délimitations de propriété et même en leur accordant des concessions de terrain en Algérie ;

Attendu que ces objections ne peuvent résister à un examen réfléchi ;

Qu'il est, en effet, facile de voir, d'une part, que la disposition de la loi de 1790 qui permet aux membres des congrégations dissoutes de se retirer dans certains de leurs couvents, n'est qu'une disposition transitoire, une mesure prise pour la circonstance, un acte d'humanité envers des religieux incapables de vivre isolés après avoir passé la plus grande partie de leur existence dans la prière et la vie en commun; — de voir, d'autre part, que les congrégations n'ont pas obtenu le droit d'enseigner, puisque ce droit n'a été accordé à leurs membres qu'à titre particulier, et non en leur qualité de congréganistes, mais en leur qualité de citoyens ;

Qu'on est forcé, en outre, de convenir que, si des actes de faveur ou de justice envers des sociétés existant sans permission ont été accomplis, ces actes n'impliquent pas la reconnaissance légale de ces sociétés, qui n'ont jusqu'ici vécu que sous un régime de pure tolérance ;

Attendu que c'est là une existence précaire que le gouvernement peut faire cesser quand il le juge utile à à l'État ; que c'est du reste ainsi que l'ont entendu et les magistrats et les législateurs eux-mêmes : la cour de Caen, par arrêt du 20 juillet 1846, confirmé le 26 février 1849, en déclarant que les congrégations non autorisées *n'existent que par tolérance ;* »

Martin, du Nord, ancien garde des sceaux, en disant : « Ces communautés ne sont pas autorisées, *mais tolérées*, elles peuvent être dissoutes aussitôt que le le gouvernement le *juge nécessaire*;

Le cardinal de Bonnechose lui-même disant à la tribune que les congrégations non autorisées ne vivaient que par la *tolérance* de l'empereur;

Attendu, d'ailleurs que les congréganistes eux-mêmes ont reconnu, depuis 1811 jusqu'à ce jour, ce régime de tolérance, la précarité de leur existence, en ne protestant jamais contre les actes souvent répétés du gouvernement qui les dispersait;

Qu'il est certain, au surplus, que la loi aussi proscrit et les sociétés légales d'autrefois et les sociétés de fait; que cela résulte clairement des termes de l'article 2 du décret du 3 messidor an XII qui oblige les membres des sociétés dissoutes à *se disperser sans retard*, cet article s'exprimant ainsi :« Les ecclésiastiques composant les dites congrégations ou associations se retireront dans le plus *bref délai* dans leurs diocèses, pour y vivre conformément à la loi sous la juridiction de l'ordinaire ; »

Attendu qu'on ne comprend pas, d'ailleurs, une distinction possible entre la société de fait et la société légale, si l'on considère les inconvénients et les dangers que l'une et l'autre peuvent comporter; qu'il est incontestable qu'elles peuvent toutes deux devenir dangereuses, la société de fait surtout au point de vue de la fortune publique, qu'elle peut, en effet, faire des acquisitions sans limites, soit à titre onéreux, soit à titre gratuit par donation ou testament, n'étant pas tenue, pour faire ces acquisitions, d'obtenir comme la société légale, une autorisation du gouvernement;

Que ces périls et d'autres ont été reconnus et signalés par des hommes politiques éminents, notamment par Thiers et Billault, ce dernier disant en 1861 au Sénat : « Nous avons emprunté à l'expérience de nos pères les dispositions qui mettent l'Etat, la société civile en garde contre les continuelles tentatives d'envahissement de certaines sociétés religieuses, essayant de pénétrer partout et créant, souvent de sérieux embarras ; »

Attendu qu'il demeure donc bien établi que les lois visées par les décrets sont des lois existantes et applicables aux sociétés de fait d'aujourd'hui, comme aux sociétés légales d'autrefois :

Sur le deuxième point l'exécution des lois :

Attendu que les lois précitées ont le caractère de lois de haute police ; qu'elles ont pour but d'empêcher comme le dit Merlin, « que des corps réguliers n'embarrassent et ne croisent les vues du gouvernement, » — de protéger l'ordre public, étant contre l'ordre public, d'après Portalis, « qu'il puisse se former dans un État des associations et des ordres sans l'autorisation du gouvernement; ·

Que c'est pour atteindre ce double but : conserver son indépendance, la liberté de ses vues et protéger l'ordre public, que le gouvernement s'est réservé le droit d'autoriser les agrégations ou associations religieuses et, partant, de dissoudre celles qui se forment contre son gré, au mépris de la loi ; qu'il est, en effet, évident que, si ce dernier droit lui était refusé, il ne posséderait pas le premier sans partage, puisque le pouvoir à qui appartiendrait le droit de dissoudre pourrait donner une autorisation indirecte, en n'exerçant pas son droit de dissolution ;

Que ce droit de dissolution pour le gouvernement est du reste formellement reconnu par l'article 7 du décret du 3 messidor, an XII, et l'article 1er de la loi du 17 août 1790, qui donnent l'ordre au conseiller d'État chargé des affaires des cultes d'exécuter le décret de dissolution de l'an XII, et aux *corps adminis-*

tratifs de faire évacuer les maisons occupées par les religieux et les religieuses;

Attendu que l'article 1er de la loi du 17 août 1790 est encore en vigueur, puisqu'il est rappelé par l'article 3 du décret de messidor an XII, qui dit : « Les lois qui s'opposent à l'admission de tout ordre religieux, dans lequel on se lie par des vœux perpétuels, seront exécutées selon leur forme et teneur ; »

Qu'il est donc certain que les textes ci-dessus donnent au gouvernement le droit de dissoudre les sociétés prohibées, droit qu'il tiendrait du reste, à défaut de textes, de la logique des choses : qu'il est rationnel de croire que, s'il possède seul le droit d'autoriser la formation des sociétés, un autre ne peut la partager avec lui, même indirectement, ce qui arriverait pourtant, ainsi qu'on l'a déjà remarqué, si l'on accordait au pouvoir judiciaire le droit de dissoudre les sociétés formées sans permission, — ne les pas dissoudre serait évidemment autoriser tacitement leur existence ;

Attendu que cette interprétation de la loi est celle de la cour de Paris, qui, dans un arrêt du 18 août 1826, se déclare incompétente, en décidant qu'il n'appartient, aux termes de l'ancienne législation et du décret du 3 messidor an XII, qu'à la haute police du royaume de dissoudre tout établissement, agrégation ou association qui sont ou seront formés au mépris des arrêts, édits, lois et décrets » ; que telle est aussi l'opinion de la cour d'Alger qui, dans un arrêt du 27 mars 1868, confirmé par la cour de cassation le 1er juin 1869, s'exprime ainsi : « Attendu qu'à côté de la non-existence légale des communautés religieuses dépourvues d'autorisation, il y a leur existence de fait ; *qu'à la haute police* de l'État appartient de pourvoir aux mesures que peut provoquer cette existence effective, de la tolérer si elle la juge inoffensive, de la faire cesser si elle y aperçoit des dangers ; que c'est encore l'interprétation adoptée par tous les auteurs, notamment par Ducrocq et Batbie, ce dernier disant : « Que l'autorité a le droit de dissoudre les congrégations non autorisées ; que ce pouvoir lui appartient en vertu des lois de 1790 et 1792 sur la police municipale et les congrégations » ; que c'est aussi l'interprétation adoptée en 1845 par les chefs de parquet et par les premiers présidents de cour consultés à cette époque par le gouvernement:

Qu'enfin c'est ainsi que l'administration l'a toujours entendu et pratiqué sous tous les régimes, sous la première République, sous le premier Empire, sous la Monarchie et sous le dernier Empire ;

Qu'il suffit pour s'en convaincre de rappeler les décrets des 12 novembre 1811, 3 janvier 1812, 23 janvier 1813, ordonnant la suppression des établissements monastiques qui se trouvaient dans les départements réunis à l'Empire; une ordonnance royale du 25 décembre 1830, qui ordonne la suppression des Missions de France, une ordonnance de 1831 ordonnant la dispersion des Trappistes de la Meilleraie près Nantes, une autre ordonnance de 1832 supprimant les Trappistes du Tarn, un décret du 29 décembre 1853 ordonnant la suppression des Jésuites de St-Michel, établis à Montaud, près St-Étienne, enfin un dernier décret de 1861, qui prononce la dissolution des Rédemptoristes de Douai, de Lille, de Dunkerque, et celle des Capucins de Hazebrouck ;

Mais qu'on essaie d'attaquer ce droit du gouvernement en disant : que la nécessité de procéder judiciairement résulte de la loi elle-même, de l'article 6 du décret du 3 messidor an XII, ainsi conçu : « Les procureux généraux et les procureurs impériaux seront tenus de poursuivre les personnes de tout sexe qui *contreviendraient* directement ou indirectement au présent décret » ;

Attendu que par cet article le gouvernement n'a pas voulu se dépouiller en faveur de l'autorité judiciaire du pouvoir qu'il s'est réservé dans l'article suivant et dans l'article 3, qui rappelle l'article 1er de la loi du 17 août 1790, cités plus haut ;

Que l'apparence de contradiction entre ces articles et l'article 6 disparaît pour peu que l'on veuille réfléchir et se rappeler que deux voies sont ouvertes pour la dissolution d'une société prohibée : la voie judiciaire et la voie administrative. La première, prise par le parquet quand il s'agit de *contraventions* comme l'article 6 lui-même le déclare et qu'une peine est à appliquer ; — la seconde prise par les agents de l'administration quand il ne s'agit que d'une mesure d'ordre de police, de simple dissolution ;

Attendu au surplus que, si l'on accordait à l'autorité judiciaire le pouvoir de dissoudre les sociétés non autorisées, il y aurait un double inconvénient que la loi a voulu éviter : le premier, déjà signalé, de permettre au juge d'apprécier le droit de dissolution et d'arriver par là indirectement, en ne dispersant pas la société prohibée, au pouvoir d'autorisation tacite qui ne lui appartient pas ; le second de mettre le juge, requis de statuer sur la dissolution, dans la nécessité de prononcer cette dissolution, sans tenir compte des circonstances, ne pouvant pas faire fléchir la loi devant elles, comme le peut faire l'administration, en vertu de la maxime : Gouverner c'est transiger.

Sur le troisième point, si les représentants de l'administration ont accompli un acte administratif :

Attendu que l'acte administratif est celui que le fonctionnaire fait en vertu de la loi et dans les limites tracées par elle ;

Qu'il résulte des termes des lois sus-rappelées que les sociétés religieuses non autorisées peuvent être dissoutes à la diligence du gouvernement ou de ses représentants ;

Attendu que les assignés n'ont fait qu'appliquer ces lois à la congrégation non autorisée des Pères Prémontrés de Saint-Jean-de-Côle, et ce, en vertu d'un des décrets du 29 mars et de l'arrêté préfectoral sus-rappelé ;

Qu'en agissant ainsi ils ont donc fait un acte administratif et accompli un devoir ;

Attendu qu'on objecte : 1° que priver quelqu'un de la libre disposition de sa chose ne peut être un acte administratif ; 2° que défoncer les portes d'une maison, violer le domicile d'un citoyen, attenter à sa liberté sont choses ne pouvant pas, non plus, constituer un acte administratif ; 3° que tous les auteurs enseignent que le prétendu acte administratif qui viole la propriété et la liberté n'est qu'une voie de fait justiciable des tribunaux ordinaires ;

Attendu que toutes ces choses sont incontestables et incontestées ;

Qu'il est, en effet, aujourd'hui de principe qu'il n'y a pas, en France, d'autorité supérieure à la loi ;

Mais attendu que, dans l'espèce aucune violence n'a été faite à la loi ni aux intérêts légitimes des demandeurs, qui ne sont pas fondés à se plaindre d'avoir été troublés dans la libre disposition de leurs immeubles, puisque leur droit de disposer de leur propriété était limité par les lois prohibitives des sociétés religieuses non autorisées ;

Que c'est, en effet, sans droit qu'ils ont recueilli sur leur domaine la société non autorisée des Pères Prémontrés ;

Attendu qu'ils ne peuvent pas, non plus, se plaindre du mode d'expulsion employé ;

Qu'il est certain que cette expulsion pouvait être faite *manu militari*, en pénétrant de vive force dans le domicile des personnes qu'il s'agissait d'expulser, puisque ces personnes refusaient d'ouvrir leurs portes ;

Qu'il est, en effet, impossible d'admettre qu'on puisse paralyser l'effet d'une loi ordonnant l'expulsion en s'enfermant chez soi et en invoquant simplement des droits de propriété et de liberté individuelle ;

Attendu que ce mode d'expulsion, quelque rigoureux qu'il soit, est nécessaire si l'on veut arriver à une dissolution effective ; que c'est du reste ainsi que le comprennent les auteurs, notamment Graus, qui s'exprime ainsi : « Le droit de dissolution permet de s'introduire, même par force et par bris de clôtures, dans les immeubles occupés en commun par les religieux ; cette expulsions n'est pas une atteinte à leurs droits de citoyens, puisque c'est pour n'avoir pas vécu comme de simples citoyens qu'ils sont obligés de cesser leur cohabitation ; »

Attendu qu'il demeure donc bien établi que les assignés ont accompli un acte administratif, même en procédant *manu militari* ; qu'il n'y a du reste aucun danger à accorder un pareil droit aux représentants de l'administration, puisque, au cas d'abus ou d'exagération, les parties ont le droit de quereller leurs actes et d'en poursuivre le redressement, non devant les juges ordinaires, mais devant les tribunaux administratifs ;

Attendu que de tout ce qui précède résulte la démonstration des différents points qu'il s'agissait d'établir : qu'il est dès lors prouvé que l'expulsion dont s'agit au procès ne constitue pas le trouble dont se plaignent les demandeurs, mais bien un acte administratif régulièrement accompli par les assignés ; qu'il n'appartient pas aux tribunaux ordinaires d'annuler, de censurer un tel acte sans violer, ouvertement, les lois des 16-24 août 1790 et 16 fructidor an III sur la séparation des pouvoirs ;

Par ces motifs,

Le Tribunal, jugeant en référé, joint les causes, et statuant par une seule décision, après avoir entendu le ministère public et les parties, les assignés et M le Préfet de la Dordogne dans leur déclinatoire, se déclare incompétent, renvoie les demandeurs à se pourvoir ainsi qu'ils aviseront et les condamne aux dépens.

TABLE DES MATIÈRES

	Pages.
Préface	v
Chapitre I. Description de St-Jean-de-Côle	1

Situation topographique de St-Jean-de-Côle. — Curiosités naturelles et archéologiques. — Population. — Climat. — Caractère général des habitants.

Chapitre II. Fondation de l'église et du prieuré de St-Jean-de-Côle 13

Raynaud de Thiviers, évêque de Périgueux. — Fondation de l'église de St-Jean-de-Côle. Un chapitre de chanoines réguliers est attaché à cette église (1083-1100).

Chapitre III. Les Augustins de St-Jean-de-Côle . 19

Ce qu'étaient les premiers religieux qui occupaient le prieuré de St-Jean-de-Côle. — Notice sur les chanoines réguliers. — Ce qu'étaient les chanoines réguliers de l'ordre de St-Augustin. — Ce qu'étaient les Augustins de St-Jean-de-Côle. — Catalogue des prieurs de St-Jean depuis la fin du XI° siècle jusqu'au XVII (1086-1660).

Chapitre IV. Les Génovéfains 34

Situation des ordres religieux au XVI° siècle. — Cause de leur décadence. — Réformes. — Histoire des Génovéfains. — Le cardinal de la Rochefoucault. — Le Père Charles Faure. — Constitutions, costumes des Génovéfains. — Les Génovéfains de St-Jean-de-Côle. — Catalogue des prieurs de St-Jean depuis la réforme des Génovéfains jusqu'à la Révolution française (1669-1793).

Chapitre V. Depuis la révolution jusqu'à nos jours. 46

Les religieux de St-Jean en 1789. — Le prieuré. — Les curés de la paroisse depuis le commencement de ce siècle.

Chapitre VI. L'église de St-Jean-de-Côle 50

Description de l'église de St-Jean-de-Côle. — Style. — Coupole. — Absides. — Clocher. — Cloches. — Portes. — Fenêtres. — Le chœur. — Boiseries. — Stalles. — Peintures. — Vitraux. — Autres curiosités.

TABLE DES MATIÈRES

Pages.

Chapitre VII. Le prieuré de St-Jean-de-Côle . . 60

Époque de la fondation du prieuré de St-Jean. — Le prieuré jusqu'en 1289. — Depuis la Révolution jusqu'à nos jours. — Le cloître conventuel.

Chapitre VIII. Le château de St-Jean 65

Époque de sa fondation. — Aperçu historique. — La famille de Lamarthonie. — Le château passe aux mains de la famille de Bonneval, puis à celle de Beaumont. — Le château depuis la Révolution jusqu'à nos jours.

Chapitre IX. La relique de St Jean-Baptiste . . 108.

Authentique. — Tradition populaire. — Provenance de cette relique.

Chapitre X. Les usages du pays 113

Usages particuliers à St-Jean-de-Côle. — La frairie. — Les flocons de laine. — Le brevet. — St-Léonard-de-Jouvent. La Font-close. — La fontaine de l'Amour. — Le feu de St-Jean. — Le tombeau de Geoffroy de Lamarthonie.

Chapitre XI. Installation des chanoines réguliers de l'ordre des Prémontrés. (25 mai 1877). 119

Chapitre XII. Notice sur les chanoines réguliers de l'ordre de Prémontré 134

St Norbert. — Sa naissance. — Sa conversion. — Il fonde l'ordre de Prémontré. — Le Saint Siège approuve l'œuvre de St Norbert. — Merveilleux développement de cet ordre. — Le tiers-ordre. — Diverses réformes.

Chapitre XIII. Notice biographique sur Mlle Faure. 144

Chapitre XIV. Les Prémontrés de St-Jean-de-Côle depuis leur installation jusqu'à la promulgation des décrets du 29 mars (1822-1880). . . 153

Commencement de la communauté de St-Jean. — Pauvreté. — Vie régulière. — Office divin. — Épreuves. — Ministère. — L'avenir.

TABLE DES MATIÈRES

Pages.

Chapitre XV. Promulgation et exécution des décrets 158

Promulgation des décrets. — Leur exécution. — Journée du 9 novembre 1880. — Résistance. — Protestation. — Les Prémontrés sont expulsés de Boni.—Accueil fait aux expulsés.— La presse.

Chapitre XVI. La justice 188

La magistrature. — Appel à la justice. — Tribunal de Nontron. — Audience. — Déclaration d'incompétence.

Chapitre XVII. Conséquence des décrets 196

Les Prémontrés de St-Jean-de-Côle depuis l'exécution des décrets. — Prestations. — Exploits d'un maire républicain. — Suppression du traitement du curé. — La paroisse de St-Jean est privée des exercices religieux. — Décision du ministre des cultes supprimant les traitements des Prémontrés qui remplissont des fonctions curiales ou vicariales dans le département de la Dordogne.

APPENDICES

I. — Abbaye de Peyrouse. 207
II. — Abbaye de Boschaud 210
III. — Bulle de Célestin III à Guy, prieur de St-Jean-de-Côle. 212
IV. — Confirmation des privilèges des chanoines réguliers de St-Jean-de-Côle, par Pierre Mimet, évêque de Périgueux, en 1173 . . 214
V. — Inscription des cloches 215
VI. — Acte de la bénédiction de la première pierre de la chapelle de Boni 216
VII. — § 1. Maison de Cosnac ; — § 2. Maison de Chabans. 218
VIII. — Jugement du tribunal de Nontron 224

FIN

ERRATA

Page	ligne	au lieu de :	lisez :
3	4	Eyrisson	Eyrissou
3	12	Fontelause	Fontclause
3	12	Les Fourrières	Les Ferrières
3	23	Voie ferrée à Agen	Voie ferrée de Paris à Agen
6	3	Chabons	Chabans
9	13	Capellani	Capellam
12	15	de Côle	de St-Jean-de-Côle
13 titre	2	Formation	Fondation
13 note	2	fondavit	fundavit
15	11	Secrétaire	secrétain
16	19	ses chanoines	les chanoines
29	25	Pierre Minet	Pierre Mimet
30	3	id.	id.
30	6	id.	id.
31	17	Bernard était de	était prieur de
32	18	Quinzac	Quinsac
34 titre	2	de Génovéfains	des Génovéfains
52	1	la degrader	le dégrader
52	33	de piliers	des piliers
53	5	inovation	innovation
58	15	destination	destruction
58	27	1829	1879
59	16	toucher	trancher
63 note	33	hac	hæc
69 note	32	Montagnier	Montagrier
70	31	id.	id.
73	7	Tulie	Julie
81 note	30	Bivensis	Rivensis
88	23	Caration	Carnation
101	24	do figure	figure de
104	14	Arnaud	Armand
108	7	artistique	art
109	19	document	documents
109	20	venir à en	venir en
117	2	persuadés	persuadées
121	18	succédés	succédé
125	33	D'aucun	D'aucuns
158	21	ouvrira u	ouvrira au
180	17	fut	furent

Avignon. — Imprimerie Seguin Frères

www.ingramcontent.com/pod-product-compliance
Lightning Source LLC
Chambersburg PA
CBHW070620170426
43200CB00010B/1858